K.F. & Z. Paris.

K.F. & Z. Paris.

K.F. & Z. Paris.

K.F. & Z. Paris.

K.F. & Z. Paris.

K.F. & Z. Paris.

K.F. & Z. Paris.

K.F. & Z. Paris.

K.F. & Z. Paris.

K.F. & Z. Paris.

K.F. & Z. Paris.

K.F. & Z. Paris.

K.F. & Z. Paris.

K.F. & Z. Paris.

K.F. & Z. Paris.

Marie et Jacques Gimard

Mémoire d'école

Le Pré aux Clercs

Devoir de grammaire

Conception graphique :
Sophie Zagradsky

© 1997, Le Pré aux Clercs
Tous droits réservés pour tous pays
Édition du Club France Loisirs, Paris
avec l'autorisation du Pré aux Clercs
ISBN : 2-7441-1859-1
N° Éditeur : 30768
Dépôt légal : juillet 1998

À Benjamin et Hadrien, nos petits écoliers chéris.

La Rentrée

Il faut rentrer, voici la classe,
Petits enfants, allez en masse
Avec vos cartons à la main.
Vous reviendrez encor demain,
Tous les jours à la même place.

Vous êtes l'espoir de la race,
Petits Français, brun ou filasse,
Pour le pays, travaillez bien,
Il faut rentrer !

Que la science en vous s'amasse !
Si le jeu parfois vous délasse,
Ne restez pas sur le chemin.

Jeune fillette et vous gamin
Qui me faites cette grimace
Il faut rentrer !

DE BRILAC.

Tous droits réservés pour tous pays.

Sommaire

Avant-propos

Dans un coin de notre tête

L'école habite un coin de notre tête, avec les bons et mauvais souvenirs de l'enfance. En chacun de nous, elle a laissé pêle-mêle des émotions intimes qui, de génération en génération, ont accompli le même parcours. D'un siècle à l'autre, les regards se croisent, échangeant une tendre et indicible complicité. Une complicité candide et fortuite qui libère le parfum envoûtant de la nostalgie.

Les trésors que nous ouvrent les brocantes dégagent le même parfum. Juste l'instant d'une trouvaille, et le hasard se fait complice du passé pour cultiver notre mémoire. Ainsi dénichés, des objets anodins, des textes inaperçus, des photos jaunies viennent se ranger dans notre collection. Et cette harmonieuse diversité permet de restituer l'ambiance de l'école laïque du début du siècle.

Dans notre « amusant musée », nous avons sélectionné les documents les plus originaux pour former cette petite anthologie de la littérature scolaire de la IIIe République. Le didactisme aride de jadis nous réserve aujourd'hui des lectures surprenantes. Avec le recul du temps, ces textes ont acquis un charme désuet aux effets comiques bien involontaires. Ils nous livrent surtout un témoignage direct, sincère et authentique sur ce qu'était l'école de la République, à un « âge d'or » qui semble narguer la crise contemporaine de l'enseignement.

Du départ matinal pour l'école au retour à la maison, de la rentrée des classes à la solennelle distribution des prix, de la leçon de morale à l'instruction civique, de la terrible dictée à la « rédaction par l'image », ce livre épouse les rythmes et les mythes de nos souvenirs d'école, avec ses instants retrouvés, ses leçons oubliées et ses rites délaissés. Une mémoire intimement liée à celle de la République, et habitée, un siècle plus tard, de la même certitude : l'école ne doit pas déserter la République, la République ne doit pas déserter l'école.

N'est-ce pas là le seul trait d'union entre l'école de jadis et l'école d'aujourd'hui ?

Des instants retrouvés

L'angoissante rentrée des classes, le départ pour l'école, la fierté d'étrenner son nouveau cartable et ses beaux souliers... Des émotions immuables que chaque génération revit à sa façon.

Sur le chemin de l'école

« Vous êtes l'espoir de la race,
Petits Français, bruns ou filasse,
Pour le pays, travaillez bien,
Il faut rentrer ! »

Pour faire dire à bébé. Augor.

« Tu as de la chance d'entrer à l'école... À ton âge, j'aimais bien y aller. » Qui d'entre nous, enfant, n'a pas eu droit au sourire affecté ponctuant cette doucereuse parole de réconfort ?

Immuable, la rentrée des classes cultive au fil des âges les mêmes apparences. Fausse joie, fausse assurance, fausse résolution, tout prend les allures d'une conspiration, d'une tromperie, d'un subterfuge de parents désemparés essayant de persuader l'enfant que l'école lui ouvre les portes du bonheur.

Mémorable, la rentrée des classes l'est aussi parce qu'elle dégage une ambiance poignante, avec son cortège d'émotions intenses. L'appréhension de franchir le seuil de l'école, le chagrin étouffé du dernier baiser maternel mettent à mal cette « fierté d'écolier » que chantent les manuels de cette époque avec une allégresse qui n'est pas innocente.

« L'école est la seconde famille de l'enfant », proclame Mironneau dans son *Choix de lectures pour le cours élémentaire* : une famille où la leçon du maître prodigue ce que papa et maman ne peuvent transmettre. L'enfant est initié aux conventions sociales pour apprendre à se comporter en « honnête citoyen » et découvre une forme d'autorité nouvelle qui a pour règle la soumission et l'abnégation ; il acquiert surtout un savoir entièrement voué à la noble cause patriotique. Et ce n'est pas un hasard si les manuels scolaires insistent tout autant sur le « comment il faut apprendre » que sur le « pourquoi il faut s'instruire ».

L'école laïque modèle l'enfant à sa façon dans l'intérêt supérieur de la République. Et pour cette « mystique républicaine » chère à Péguy, la médiocrité est l'ennemi déclaré. L'école nivelle par le haut et célèbre l'excellence : elle devient un lieu sacré d'évaluation, d'émulation et de compétition.

Des mots aujourd'hui tabous qui nourrissent sans aucun doute cette nostalgie d'une école qui n'est vraiment plus ce qu'elle était...

UNE ÉMOTION INTENSE

L'appréhension de franchir le seuil de l'école, le chagrin étouffé du dernier baiser maternel mettent à mal cette « fierté d'écolier » que chantent les manuels avec une allégresse qui n'est pas innocente.

La rentrée des classes

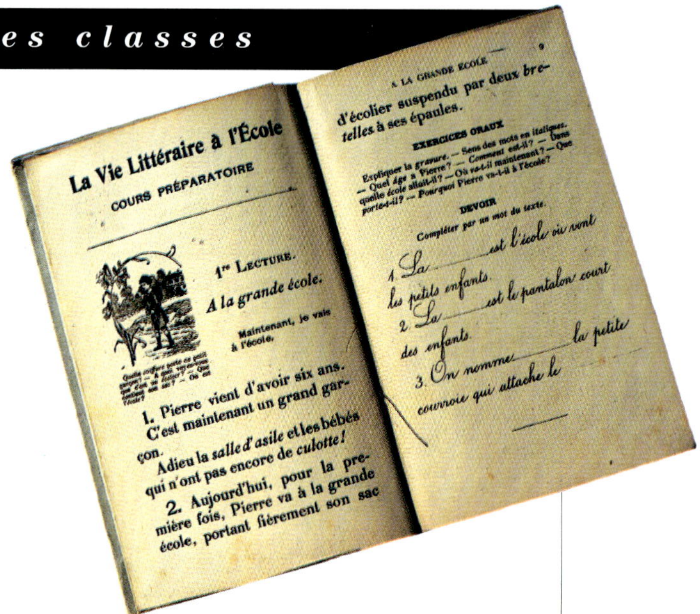

Nos vacances ont passé comme un rêve...

C'est aujourd'hui la rentrée. Nos vacances ont passé comme un rêve. L'école me paraissait petite et triste en comparaison du bois et des montagnes où j'avais vécu quelques semaines.

Je me disais en moi-même : « Voilà le premier jour : encore dix mois avant les vacances !

Que de travail, d'examens et de fatigues devant nous ! »

« Courage, mon Henri ! m'avait dit ma mère, nous étudierons ensemble ! » et cela m'avait réconforté...

La dictée finie, le maître nous regarde un moment en silence, puis nous dit avec sa grosse voix, mais d'un ton plein de bonté : « Écoutez, mes enfants, nous avons un an à passer ensemble, faisons de notre mieux pour le bien passer : étudiez et soyez sages. Je vous aimerai : il faut que vous m'aimiez à votre tour. Je ne veux avoir à punir personne. Montrez-moi que vous êtes des garçons de cœur. Notre école sera une famille et vous serez ma consolation et ma fierté. »

SOURCE : E. Huleux, *La Vie littéraire à l'école*. Cours élémentaire. Librairie d'éducation nationale, s. d.

Le cœur un peu serré...

Je vais vous dire ce que me rappellent, tous les ans, le ciel agité de l'automne et les feuilles qui jaunissent dans les arbres qui frissonnent ; je vais vous dire ce que je vois quand je traverse le Luxembourg dans les premiers jours d'octobre, alors qu'il est un peu triste et plus beau que jamais, car c'est le temps où les feuilles tombent une à une sur les blanches épaules des statues.

Ce que je vois alors dans ce jardin, c'est un petit bonhomme qui, les mains dans ses poches et sa gibecière au dos, s'en va au collège en sautillant comme un moineau. Ma pensée seule le voit ; car ce petit bonhomme est une ombre ; c'est l'ombre du moi que j'étais il y a vingt-cinq ans. [...]

Il y a vingt-cinq ans, à pareille époque, il traversait, avant huit heures, ce beau jardin pour aller en classe. Il avait le cœur un peu serré : c'était la rentrée.

Pourtant, il trottait, ses livres sur son dos et sa toupie dans sa poche. L'idée de revoir ses camarades lui remettait de la joie au cœur : il avait tant de choses à dire et à entendre.

ANATOLE FRANCE, *Œuvres.*

SOURCE : A. MIRONNEAU, *Choix de lectures.* Cours moyen. Armand Colin, nouvelle édition, 1932.

L'ardoise sous le bras

La perspective de fréquenter l'école ne me souriait pas du tout. Quand, un beau jour d'octobre, mon père me mit pour la première fois l'ardoise sous le bras, et vint me présenter à l'institutrice, j'ai pleuré tout le long du chemin. Je pressentais que c'en était fini de mes heureux jours de rêve et de liberté. Jamais mon imagination ne s'est laissé séduire par l'apparence flatteuse de la nouveauté ; c'est toujours sans illusions que j'ai affronté l'inconnu.

SOURCE : ALBERT SCHWEITZER, *Souvenirs de mon enfance.* Albin Michel, 1960.

Allons à l'école

Bim, bam, bom !
C'est la cloche de l'école.
Allons, dépêchons-nous, courons.
C'est si bon d'apprendre quelque chose !
C'est si beau de savoir quelque chose !
Il ne faut pas qu'on puisse dire que les
Français sont des ignorants.
Apprenons à lire, à écrire, à calculer.
Allons dépêchons-nous, courons.
La cloche de l'école nous appelle.
Bim, bam, bom !

SOURCE : G. JOST, V. HUMBERT, *Lectures pratiques destinées aux élèves du cours élémentaire.* Hachette, 1882.

L'ARDOISE, COMPAGNON DU DEVOIR

Pour l'écriture comme pour le calcul, l'ardoise est le support essentiel des interrogations orales. Jusqu'au milieu du XIXe siècle, avant que ne se généralise la diffusion des cahiers, elle fut l'unique instrument de travail de l'écolier. Irremplaçable, indémodable, elle traverse le siècle pour demeurer le compagnon de route et du devoir de l'écolier.

Confessions d'une écolière à son cahier

Mardi 1er octobre 1889. Mon nouveau cahier, je te présente une petite fille qui vient d'avoir ses douze ans. Cette petite fille a les yeux bleus et les cheveux châtains ; son nez est un peu trop court et sa bouche un peu trop grande : voilà pour le physique ; quant au moral, tu apprendras tous les jours à le connaître. [...]

Voyons un peu comment s'est passée ma première journée de classe. D'abord, mademoiselle m'a donné une table pour moi toute seule, car les tables à une place sont réservées aux élèves qui se présenteront dans l'année au certificat d'études. Quand nous avons été toutes placées, mademoiselle nous a dicté l'emploi du temps qui est affiché à l'école, puis elle nous a donné toutes sortes de bons conseils ; elle nous a recommandé surtout de bien nous aimer, de bien nous accorder, d'être obligeantes les unes pour les autres, toujours polies entre nous, toujours prévenantes et respectueuses pour tout le monde, enfin de bien travailler pour que nos parents soient contents. Elle nous a dit encore qu'elle espérait bien n'avoir personne à punir cette année, et elle nous a promis de nous lire des histoires magnifiques.

Après cela, mademoiselle a fait passer un examen aux nouvelles. Oh ! ces nouvelles, elles sont trop drôles ! Nous en avons de toutes les couleurs, des brunes, des blondes, des rouges et des noires. La plus amusante de toutes est une petite blonde, avec une perruque frisée qui lui retombe jusque sur le nez, un petit bout de nez retroussé qui a l'air malin comme tout ; ce nez-là attrapera plus d'une mauvaise note, j'en réponds [...].

SOURCE : CLAIRE NECTOUX, *Journal d'une petite écolière.* Delagrave, 3e éd., 1893.

Vers l'école

Où va-t-il, ce bambin pas plus haut qu'une
[botte ?
Il a mis, ce matin, sa plus belle culotte ;
Rose et frais, bien peigné, dans son habit
[propret,
Le voilà dans la rue, alerte et guilleret !
Le béret sur la tête et le sac à l'épaule,
Pour la première fois il se rend à l'école.
Grave comme un conscrit, il marche ferme
[et droit,
Sans arrêt ni détour, et crâne, ainsi qu'on
[doit.
Il sait qu'on le regarde et que chacun le
[nomme ;
Il sent bien, aujourd'hui, qu'il est un petit
[homme ;
Sa mère l'accompagne et le tient par la
[main,
Mais il pourrait, dit-il, faire seul le chemin.

SOURCE : F. BATAILLE, *Les Trois Foyers.* Librairie Juven.

UNE GRATUITÉ SANS ASSIDUITÉ

La loi Guizot du 28 juin 1833 légalise les écoles privées, et précise la notion d'école publique : « Celles qu'entretiennent, en tout ou partie, les communes, les départements ou l'État. » Cette définition signe l'acte de naissance de l'école primaire publique. La gratuité – généralisée par les lois de Jules Ferry après 1881 – transforme l'école en véritable service public.
– 1847 : à peine 63 000 écoles sont en service ;
– 1905 : plus de 85 000 écoles sont déjà en fonctionnement.
Avant même 1881, le mouvement de scolarisation est en marche : plus de 8 sur 10 des enfants de six à treize ans sont scolarisés. Mais d'une façon très inégale selon le type de région et le rythme des saisons. Dès le retour du printemps, les travaux des champs détournent souvent l'enfant du chemin de l'école.

En cheminant de bon matin

« L'école est la seconde famille de l'enfant. »

A. MIRONNEAU, *Choix de lectures.* Cours élémentaire. Armand Colin.

Chaussures de cuir et sabots de frêne

Chaque semaine, notre classe se partageait en deux camps nettement tranchés, l'élite et la plèbe, à l'occasion des commentaires des narrations. « L'esprit », comme il sied, se rangeait du côté des visages bien lavés, des cheveux peignés et des chaussures de cuir cirées. L'autre côté, dont je faisais partie, comportait les visages hirsutes et douteux et les lourds sabots de frêne.

Pour nous, le français, parlé seulement à l'école et au catéchisme, était une langue difficile. Chaque phrase d'une composition était le résultat d'une traduction laborieuse ; après l'avoir pensée dans le patois originel, il arrivait souvent que nous n'en trouvions pas l'équivalence. [...]

Toute latitude était donnée au groupe des chaussures cirées de s'exercer à l'ironie aux dépens du groupe des sabots.

SOURCE : ANTOINE SYLVÈRE, *Toinou.* Plon, 1980.

PARTIR DU BON PIED

Sabots de bois pour l'écolier des champs, souliers de cuir pour l'écolier de la ville, les différences d'origine ou de fortune jaillissent aussi à l'école.
À travers le contenu pédagogique de ses manuels, l'école se défend de toute discrimination, et loue à dessein le charme artisanal des sabots.

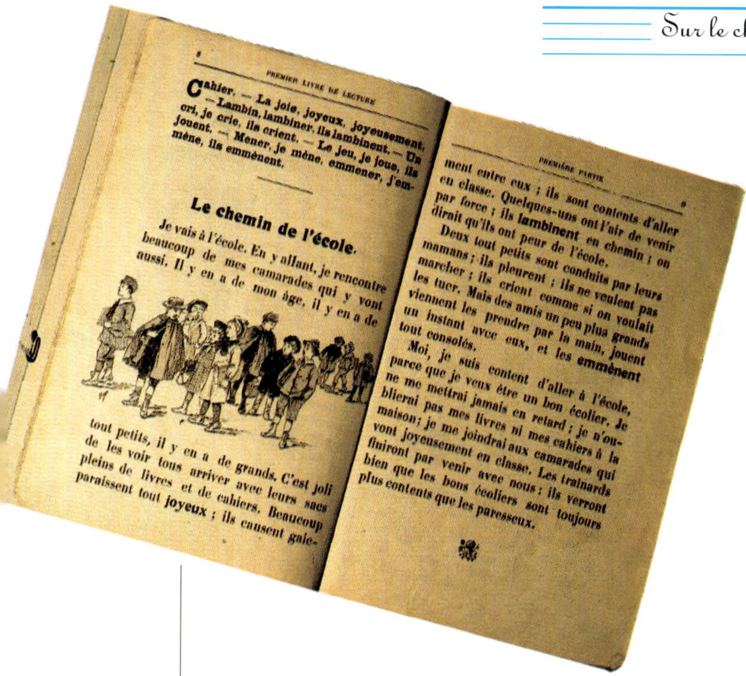
8 PREMIER LIVRE DE LECTURE

Cahier. — **La joie, joyeux, joyeusement.** — **Lambin, lambiner, ils lambinent.** — **Un cri, je crie, ils crient.** — **Le jeu, je joue, ils jouent.** — **Mener, je mène, emmener, j'emmène, ils emmènent.**

Le chemin de l'école.

Je vais à l'école. En y allant, je rencontre beaucoup de mes camarades qui y vont aussi. Il y en a de mon âge, il y en a de tout petits, il y en a de grands. C'est joli de les voir tous arriver avec leurs sacs pleins de livres et de cahiers. Beaucoup paraissent tout **joyeux** ; ils causent gaiement entre eux ; ils sont contents d'aller en classe. Quelques-uns ont l'air de venir par force ; ils **lambinent** en chemin ; on dirait qu'ils ont peur de l'école.

PREMIÈRE PARTIE 9

Deux tout petits sont conduits par leurs mamans ; ils pleurent ; ils ne veulent pas marcher ; ils crient comme si on voulait les tuer. Mais des amis un peu plus grands viennent les prendre par la main, jouent un instant avec eux, et les **emmènent** tout consolés.

Moi, je suis content d'aller à l'école, parce que je veux être un bon écolier. Je ne me mettrai jamais en retard ; je n'oublierai pas mes livres ni mes cahiers à la maison ; je me joindrai aux camarades qui vont joyeusement en classe. Les traînards finiront par venir avec nous ; ils verront bien que les bons écoliers sont toujours plus contents que les paresseux.

Il était « nouveau »

Dès que la cloche sonnait, les élèves s'alignaient par rang de taille et montraient au maître, en inclinant la tête à droite et à gauche, leurs cheveux, leurs oreilles, et aussi leurs galoches qu'ils quittaient l'une après l'autre, en équilibre sur un pied. Les plus malpropres étaient envoyés à la mare, dont l'eau bourbeuse dormait au bord de la route ; et certains devaient, avec leur couteau de poche, racler la terre humide au fond de leurs sabots.

Il en venait parfois avec des cheveux coupés si ras, à échelons, qu'ils en paraissaient nus, tels des moutons en avril, et qu'on voyait, par endroits, la peau rose de leur crâne mordue par des ciseaux. Alors, les autres for-

Le sabotier

Ah ! nos fins sabots d'écolier !
Les ferait-on en peuplier,
Qu'ils ne rendraient pas plus ingambes :
Le cœur à cet âge est aux jambes ;
Ah ! nos fins sabots d'écolier !

FRANÇOIS FABIE.

SOURCE : FRÉDÉRIC BATAILLE, *Lectures françaises illustrées de l'école.* Cours moyen. Alphonse Lemerre, 1912.

INSÉPARABLE PANIER

Le fameux panier en osier est l'inséparable compagnon de route de l'écolier. La maman y glisse avec tendresse la casse-croûte pour le trajet, et souvent le déjeuner pour la cantine. Accessoire utilitaire, il devient aussitôt le support publicitaire de grandes marques de chocolat et de biscuits. Avec ses célèbres « petits LU », la firme nantaise Lefevre-Utile intègre le panier d'osier à la panoplie du parfait petit écolier. Cette publicité a incontestablement façonné l'image standard que notre mémoire collective garde de l'écolier de jadis.

maient cercle autour d'eux, et, tels des sauvages autour de leur victime, dansaient en criant à tue-tête.

Les élèves entraient sur un signe, à la file indienne. Les galoches fêlées claquaient en cadence sur le plancher sonore ; et, arrivés à leur place, tous, debout, continuaient à marquer le pas. Un coup de règle sec et impérieux apaisait ce vacarme, et tous les élèves, comme un seul, sautaient entre le banc et le pupitre dans un roulement de tonnerre.

Jean entra le dernier, et il dut défiler, son panier au bras, entre une double rangée d'élèves, inconnus de lui. Tous le dévisageaient parce qu'il était « nouveau », et bien mieux vêtu que les autres. Il avait des galoches neuves qui brillaient de vernis, et des bas à côtes qui lui faisaient des jambes énormes. Il marchait guindé dans ses habits du dimanche, levant haut le pied et suivant la cadence.

SOURCE : NOËL SABORD, *Le Buisson d'épines*. Grasset.

UNE ÉPREUVE MATINALE

Le chemin de l'écolier est une épreuve matinale autant morale que physique : l'enfant parcourt des kilomètres à pied ; il endure le froid, la bise, la pluie, la neige, la boue ; il traîne surtout le même fardeau : la gibecière pour les livres, le panier pour le goûter, et souvent la bûche, contribution personnelle au chauffage de l'école.

Ma bûche sous le bras...

Tous les matins, au petit jour, le père m'éveillait. Les frères et les sœurs dormaient encore ; je m'habillais sans faire de bruit, et je sortais avec mon petit sac, les pieds dans mes sabots, le gros bonnet de roulier sur les oreilles, et ma bûche sous le bras. Il faisait froid à l'entrée de l'hiver ; je fermais bien la porte et je partais, soufflant dans mes doigts.

J'arrivais presque toujours avant les autres ; j'entrais dans la salle encore vide, je posais ma bûche et mes sabots à côté du poêle pour les sécher. Tout est encore là sous mes yeux : les poutres blanchies à la chaux, les bancs à la file, le grand tableau noir contre le mur, entre les deux fenêtres ; tout au fond, la table de notre maître, sur une petite estrade. Chacun devait balayer à son tour ; mais je commençais en attendant les autres.

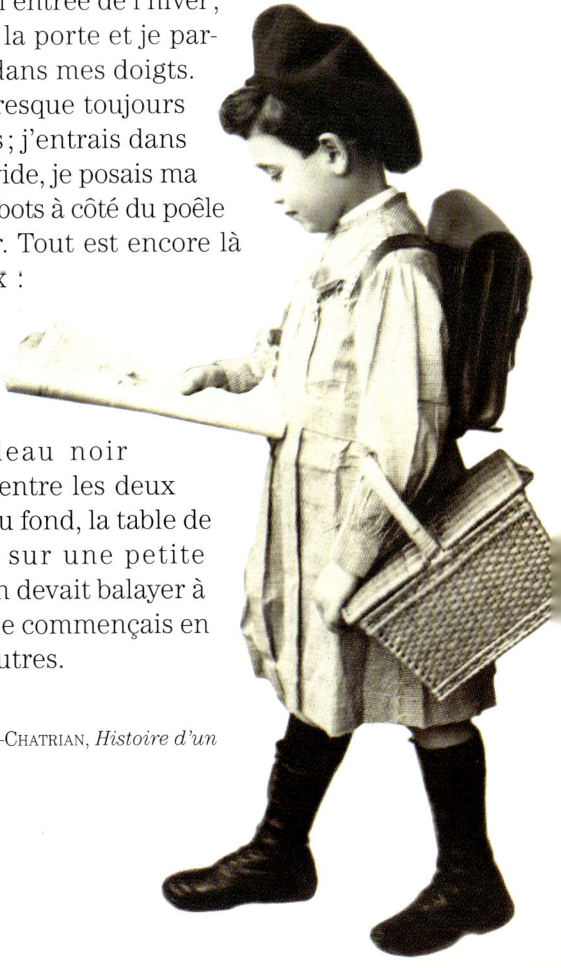

SOURCE : ERCKMANN-CHATRIAN, *Histoire d'un paysan*. J. Hetzel.

Gibecières, pèlerines et sarraus

« Il y avait dans leurs blouses un goût de foin et d'écurie qui alourdissait l'air de la classe, quand ils se pressaient autour du poêle rouge. »

ALAIN FOURNIER, *Le Grand Meaulnes.*

Mon beau sac de cuir jaune tout neuf

Si je désirais tant partir de bonne heure, le zèle n'y était pour rien; c'était tout simplement pour parader devant mes nouveaux camarades avec mon beau sac de cuir jaune tout neuf. Oh, voilà que vous avez déjà deviné mon défaut. Eh bien oui! J'étais orgueilleux : je ne trouvais rien de mieux que ma petite personne; quant à ce que je possédais, il n'y avait jamais rien de plus beau.

Il n'est pas mal, en soi, d'être satisfait de ce que l'on a; c'est au contraire le moyen d'être heureux en ce monde, mais il ne faut pas chercher sans cesse à humilier ceux qui nous entourent. [...]

Je me figurais que j'allais être reçu comme un prince à mon arrivée, car j'étais le fils du percepteur, d'un « monsieur », tandis que les autres étaient des fils de forgerons, de charpentiers, des paysans, enfin! [...]

Pour en revenir à mon sac, il pouvait se mettre en bandoulière ou sur le dos comme un sac de soldat. Je m'arrêtai à cette dernière disposition et je partis très fier, portant haut la tête et tendant les jarrets. Je ne rencontrai le long du chemin qu'un chien boiteux et deux canards, qui se montrèrent parfaitement insensibles à la beauté de mon sac.

SOURCE : *Mon journal*, 26 mai 1894. « Ma première classe ».

Éloge de la blouse

Dis donc, François, si on nous passait tous nos habits et nos gilets les uns sur les autres, crois-tu que nous serions aussi gros que le petit qui s'en va là-bas?... À ton idée, combien a-t-il mis de pantalons?

– Une demi-douzaine... cela t'irait à toi, Joseph, d'être ainsi comme un paquet?

– Oh, je ne risque rien. Je n'ai qu'une blouse, et quand je mets ma veste, j'ôte ma blouse; j'aime mieux ma blouse : c'est plus commode pour jouer.

Et les deux écoliers continuèrent leur chemin en se disant qu'ils ne changeraient pas leur blouse pour tous les paletots des enfants riches.

Joseph et François avaient raison. Leur blouse est un très bon vêtement; sur leur gilet de laine, elle leur suffit à les défendre contre le froid; portée seule, elle les garantira de la chaleur pendant l'été. En se couvrant trop, on devient sujet aux maux de gorge, aux rhumes et à d'autres maladies encore.

SOURCE : ERNEST LAVISSE, *Les Récits de Pierre Laloi.* Armand Colin, 1925.

quand ils se pressaient autour du poêle rouge. Et ce matin-là, l'un d'eux avait apporté dans un panier un écureuil gelé qu'il avait découvert en route. Il essayait, je me souviens, d'accrocher par ses griffes, au poteau du préau, la longue bête raidie...

SOURCE : Alain Fournier, *Le Grand Meaulnes.*

« Tiens ! il a une blouse ! »

Ce qui me frappa d'abord, à mon arrivée au collège, c'est que j'étais le seul avec une blouse. À Lyon, les fils de riches ne portaient pas de blouse ; il n'y a que les enfants de la rue, les « gones » comme on dit. Moi, j'en avais une petite blouse, j'avais l'air d'un gone... quand j'entrai dans la classe, les élèves ricanèrent. On disait : « Tiens ! il a une blouse ! » Le professeur fit la grimace et tout de suite me prit en aversion. Depuis lors, quand il me parla, ce fut toujours du bout des lèvres, d'un air méprisant. Jamais il ne m'appela par mon nom ; il disait toujours : « Hé vous là-bas, le petit chose ! » Je lui avais dit pourtant plus de vingt fois que je m'appelais Daniel Ey-ssette... À la fin, mes camarades me surnommèrent le « petit chose » et le surnom me resta...

SOURCE : Alphonse Daudet, *Le Petit Chose.*

Les gars de la campagne

Le quatrième jour fut un des plus froids de cet hiver-là. De grand matin, les premiers arrivés dans la cour se réchauffaient en glissant autour du puits. Ils attendaient que le poêle fût allumé dans l'école pour s'y précipiter.

Derrière le portail, nous étions plusieurs à guetter la venue des gars de la campagne. Ils arrivaient tout éblouis encore d'avoir traversé des paysages de givres, d'avoir vu les étangs glacés, les taillis où les lièvres détalent... Il y avait dans leurs blouses un goût de foin et d'écurie qui alourdissait l'air de la classe,

« Gibecière de malheur »

Fontanet me persécutait à cause d'une gibecière de forme antique et bizarre que mon oncle, homme économe, m'avait donnée pour mon malheur. Elle était beaucoup trop grande pour moi et j'étais beaucoup trop petit pour elle. De plus cette gibecière ne ressemblait pas à une gibecière, par la raison que ce n'en était pas une. C'était un vieux portefeuille qui se tirait comme un accordéon et auquel le cordonnier de mon oncle avait mis une courroie...

Mais Fontanet ne pouvait la voir sur mon dos sans y jeter des boules de neige ou des marrons d'Inde, selon la saison, et des balles élastiques toute l'année.

Dans le fait, mes camarades et Fontanet lui-même n'avaient qu'un seul grief contre ma gibecière : son étrangeté. Elle n'était pas comme les autres : de là tous les maux qu'elle m'a causés. La gibecière de Fontanet était affreuse ; ses deux frères aînés l'ayant traînée tour à tour sur les bancs du lycée, elle ne pouvait plus être salie ; le cuir en était écorché et crevé, et les boucles disparues étaient remplacées par des ficelles ; mais, comme elle n'avait rien d'extraordinaire, Fontanet n'en éprouva jamais de désagrément.

Et moi quand j'entrais dans la cour de la pension mon portefeuille au dos, j'étais immédiatement assourdi par des huées, entouré, bousculé, renversé à plat ventre. Fontanet appelait cela me faire la tortue, et il montait sur ma carapace. Il n'était pas bien lourd, mais j'étais humilié. Aussitôt remis debout, je sautais sur sa casquette. Je la remplissais de sable, je la jetais dans les arbres, d'où il fallait l'abattre à coups de pierre ; j'en faisais un chiffon pour effacer les figures à la craie sur le tableau noir ; je la jetais par un soupirail dans des caves inaccessibles, et, lorsqu'au sortir de la classe l'ingénieux Fontanet parvenait à la retrouver, ce n'était plus qu'un lambeau sordide.

Mais une fée veillait à sa destinée, car elle reparaissait le lendemain sur la tête de Fontanet avec l'aspect imprévu d'une casquette propre, honnête, presque élégante. Et cela tous les jours. Cette fée était la sœur de Fontanet.

Sa casquette était toujours neuve et ma gibecière indestructible, hélas !

SOURCE : ANATOLE FRANCE, *Le Livre de mon ami*. Calmann-Lévy.

SURPRENANTE GIBECIÈRE

Sous le crayon de l'illustrateur Firmin Bouisset, qui prêta son talent notamment aux biscuits LU et au chocolat Lombart, la gibecière, plus encore que le panier d'osier, fait figure d'équipement mascotte de l'écolier garnement. De cuir ou de toile, souvent de fabrication artisanale, elle protège livres et cahiers des intempéries ; elle dissimule aussi d'inavouables « trésors de guerre » – balles élastiques, sac de billes, marrons d'Inde, lance-pierres –, objets de convoitise pendant les récréations, et pièces à conviction pour l'instituteur qui les confisque, en guise de punitions.

LA BLOUSE, ACCESSOIRE LAÏC

En 1914, un costume de garçon peut coûter entre 40 et 60 F, soit près de la moitié du salaire mensuel de l'ouvrier.
Cet obstacle justifie donc, à la ville comme à la campagne, le port de la simple blouse dont la solidité et la commodité viennent opportunément conforter le message militant de la laïcité :
– La blouse protège les lainages et vêtements plus fragiles ou onéreux ; elle préserve la famille de dépenses superflues et exhorte à l'humilité et à la prévoyance.
– La blouse dissimule uniformément les différences que montre la tenue vestimentaire ; elle prône l'égalité de rang et de condition.
– La blouse impose enfin un devoir de solidarité puisque les écoliers doivent s'entraider pour boutonner le sarrau qui se ferme dans le dos...

ÉCOLE COMMUNALE
DE GARÇONS

La maison d'école

« *L'école, c'est l'orgueil de la République,*
C'est un asile sûr où luit la vérité. »

J. MARAVAL, A. HUGOL, *Une année de chant à l'école primaire*. Montpellier, Combarnous, 1906.

Au fil de concessions répétées, de nuances compliquées, la laïcité a aujourd'hui perdu son âme. Son abstention dans le débat républicain ressemble à de l'abdication, et son silence présume l'absence de valeurs. Comme si un siècle de République l'avait vidée de sa substance.

Au nom de la République triomphante, la laïcité avait son temple, l'école ; elle reposait sur un dogme, la religion de la patrie ; elle formait ses prédicateurs, les fameux « hussards noirs de la République ». Trois éléments qui servaient une liturgie bien rodée pour inculquer aux écoliers « le devoir envers la France ».

Pour devenir le symbole de la République, l'école ne pouvait plus demeurer cette maison, trop banale, trop désordonnée, dans laquelle le maître conciliait jusqu'alors, bon gré mal gré, son foyer et son métier. Elle devient un édifice normalisé, à la fois fonctionnel, rationnel, propre et aéré. Le monumentalisme architectural se conjugue avec l'hygiénisme social : la « maison d'école » fait donc dignement honneur au savoir et au progrès.

Avec ce même souci d'absolu, la IIIe République érige la laïcité en véritable dogme. « Il existe un fond commun de l'âme française, affirme Ernest Lavisse, et sur ce fond, est bâtie, indestructible, l'école laïque. » C'est au nom de la cohésion nationale que la laïcité se veut exigeante et intransigeante : l'école doit être un espace de neutralité, un champ clos où ne peut être toléré aucun particularisme communautaire, politique ou religieux. Elle doit de même œuvrer à l'égalité des conditions. « En l'école laïque, s'atténuent les différences et les contrastes, insiste Ernest Lavisse. N'ayons pas chez nous des peuples différents de peur d'entretenir des malentendus et des haines. » L'école doit enfin forger l'identité française, et inculquer avant tout « ce qui nous unit, c'est-à-dire l'ensemble des souvenirs où prend sa force l'amour de la patrie ».

Cette mission pastorale revient à l'instituteur, qui doit l'accomplir avec le zèle du prédicateur laïc, tel que le prescrivent les manuels scolaires : « Le maître a la confiance de mes parents qu'il représente et dont il a l'autorité. »

La culture laïque est un domaine réservé sur lequel rien ni personne ne doit empiéter. Pour cimenter la République, l'idéal laïc savait alors être visible, intelligible et intangible...

UN FRONTISPICE PAS COMME LES AUTRES

« École communale » ou « École de filles – École de garçons », le nom gravé dans la pierre participe à la haute dignité des lieux. L'appellation « Maison d'école » figurant sur le frontispice est assez rare pour ne pas être remarquée. Elle concilie familièrement communauté villageoise et solennité républicaine. (Photo : « Maison d'école » du lieu-dit « Les Bertins », commune de Narcy, dans le département de la Nièvre.

Elle est jolie mon école

« Une humble maison que nous connaissons tous »

Il est dans chaque village, tout à côté de l'église familière, une humble maison que nous connaissons tous. Son toit ne s'élève pas au-dessus des autres maisons du hameau, sa façade n'a rien qui la distingue ; cependant elle est pour tout le monde un objet de respect. L'étranger s'arrête pour l'examiner, l'enfant la salue d'un cri de joie, le curé se découvre quand il vient la visiter. Elle fait palpiter d'espérance le cœur de l'enfant ; elle fait battre celui de l'homme de souvenirs. D'où vient donc ce prestige qui l'environne ? Ah ! c'est que là on parle du bon Dieu ; c'est que là on s'habitue à l'accomplissement de ses devoirs ; c'est que là l'enfant apprend à devenir homme.

Cette maison, c'est l'école. C'est un sanctuaire où ne pénètrent que le travail, la règle et le devoir. L'enfant s'y corrige de ses défauts, et y apprend tout ce qui sera nécessaire pour vivre dans le monde. C'est là que son âme s'ouvre aux premiers sentiments, son cœur aux premières émotions ; c'est là que son intelligence sent son premier épanouissement.

SOURCE : F. A. NIAUDET, *Un peu de tout ; ce qu'il est bon de savoir.* Gédalge jeune, éditeur, 3e éd., 1879.

DES PALAIS SCOLAIRES...

Entre 1877 et 1914, le budget de l'Instruction publique est multiplié par six pour permettre la construction des « maisons d'école », rendue obligatoire dans les communes par la loi du 20 mars 1883.
Une propagande antirépublicaine, qui flatte des mentalités villageoises conservatrices, brocarde l'apparition de « palais scolaires » ou « châteaux pour les maîtres ».
Leur architecture obéit, il est vrai, à une conception « monumentaliste » et à un langage des signes qui n'est pas innocent, puisque, selon Ferdinand Buisson, il préfigure avec bonheur « pour les générations nouvelles ces habitudes de propreté, ce goût de l'ordre que l'on veut inspirer par le soin apporté à l'installation matérielle ».
Propreté, commodité, confort, rien n'est laissé au hasard jusqu'aux grandes marches de pierre, symbole de la dignité républicaine.
On ne rentre pas à l'école comme on va au cabaret ; « on y accède ». Les écoliers comprennent ce que signifie la hauteur morale du lieu : l'effort des mollets précède celui qui sera demandé à l'esprit !

Une école d'autrefois

Il n'y avait pas de cheminée dans la classe ; elle n'était donc pas chauffée. Le maître prétendait qu'on n'y souffrait jamais du froid, parce qu'elle était extrêmement petite et qu'on y était fort entassé. Il était pourtant obligé quelquefois de permettre une petite sauterie d'un quart d'heure, pour nous réchauffer. Comme il fallait descendre deux marches pour entrer dans l'école et qu'on n'y voyait aucune trace de plancher ni même de pavage, la petite sauterie devenait quelquefois un peu périlleuse à la suite des grandes pluies qui ne sont pas rares dans ce pays.

Quant au mobilier, il était des plus sommaires. Six bancs en sapin, une seule table sur laquelle huit élèves pouvaient écrire à la fois, et, pour le maître, une chaise de paille. Pas une carte ni un tableau noir sur les murs. D'ailleurs, qu'en aurait-on fait ? C'est à peine, avec cette étroite et unique fenêtre, si l'on pouvait lire dans le livre qu'on tenait à la main.

Quoique je fusse habitué à ces intérieurs bretons, toujours plongés dans une demi-obscurité, je ne m'étais pas attendu à un si complet dénuement. Une seule chose me réconciliait avec le spectacle que j'avais sous les yeux, c'était l'air de contentement du maître et la bonne humeur des élèves.

SOURCE : Jules Simon, *Premières Années*. Flammarion.

Souvenirs d'un écolier

Oh ! que j'étais heureux ! Oh que j'étais [candide !
En classe, un banc de chêne usé, lustré, [splendide,
Une table, un pupitre, un lourd encrier [noir,
Une lampe humble sœur de l'étoile du [soir...
Le devoir fait, légers comme de jeunes [daims,
Nous fuyions à travers les immenses [jardins,
Éclatant à la fois en cent propos contraires.
Moi, d'un pas inégal je suivais mes grands [frères,

UNE ARCHITECTURE RAISONNABLE

Si la loi du 20 mars 1883 rend obligatoire la construction d'une « maison d'école » dans les chefs-lieux de communes et dans les hameaux, la République reprend subtilement à son compte la volonté d'uniformisation initiée par Guizot qui, dès juillet 1833, par ordonnance, soumet aux maires des plans types et des devis appropriés pour leur épargner les coûteuses foucades d'architectes...

Et les astres sereins s'allumaient dans les [cieux,
Et les mouches volaient dans l'air [silencieux,
Et les doux rossignols, chantant dans [l'ombre obscure,
Enseignaient la musique à toute la nature.

Victor Hugo.

SOURCE : M. Guyau, *L'Année préparatoire de lecture courante*. Armand Colin, 4e éd., 1887.

« CLASSE UNIQUE » POUR TOUS

Dans une même classe, les activités dispensées vont du cours préparatoire au cours moyen et supérieur. La classe est divisée en groupes de niveau, variables selon les matières. Pour la conduite « simultanée » des exercices, le maître est assisté d'un « moniteur », choisi parmi les meilleurs eleves. Avec la « classe unique », les années ne comptent pas; seul importe le niveau personnel de l'enfant : l'enfant éveillé peut suivre le travail des plus grands; l'enfant en difficulté trouve de l'aide parmi les autres; il n'est donc pas marginalisé. Malgré la complexité apparente de son déroulement, la « classe unique » portait en elle une indéniable valeur pédagogique, et communiquait l'esprit de solidarité.

Du temps à perdre

J'aurais bien voulu que mon Jean sût lire et écrire pour être à même ensuite de tenir nos comptes. M. Frédéric étant conseiller municipal et ami du maire, je me crus autorisé à lui dire, un jour qu'il félicitait le petit sur sa bonne mine :

– Monsieur Frédéric, il lui faudrait à présent quelques années d'école.

Il tira coup sur coup trois bouffées de sa grande pipe en écume de mer et répondit enfin :

– L'école, l'école... Et pour quoi faire, sacrebleu? Tu n'y es pas allé, toi, à l'école : ça ne t'empêche pas de manger du pain. Mets donc ton gamin de bonne heure au travail; il s'en portera mieux et toi aussi! [...] Dis-moi un peu ce que tu aurais de plus si tu savais lire, écrire et compter? L'instruction, c'est bon pour ceux qui ont du temps à perdre. Mais toi, tu passes bien tes journées sans lire, n'est-ce pas? Tes enfants feront de même, voilà tout...

SOURCE : ÉMILE GUILLAUMIN, *La Vie d'un simple.*

Naissance d'une vocation

Des vocations plus sûres pouvaient apparaître autrefois, lorsque l'emploi des moniteurs était général. Dans la plupart des classes, le maître chargeait, à tour de rôle, ses meilleurs élèves du soin de diriger les petits, pendant que lui-même donnait sa leçon aux plus grands. Cette coutume, qui présentait de graves inconvénients, tend à disparaître. Cependant, dans les classes nombreuses, elle est encore, parfois, le moindre mal.

Lorsque, l'année de nos débuts, nous avions l'honneur de faire la classe à quatre-vingts bébés, notre directeur nous envoyait, de temps en temps, un moniteur choisi parmi les garçons déjà familiers avec les quatre règles. Certains de ces lascars nous causaient

bien des soucis, soit qu'ils apprissent aux petits des tours non prévus au programme, soit qu'ils fissent un commerce clandestin et profitable de billes, crayons, bons points, ou boutons de culotte, soit qu'ils eussent la prétention, en vertu des pouvoirs qui leur étaient conférés, de faire régner une discipline de fer. Mais quelques-uns s'acquittaient, au contraire, gentiment de leur tâche. À mi-voix, dans leur petit coin, ils faisaient répéter la leçon, morigénaient doucement les récalcitrants, donnaient même leurs explications suivant des procédés à eux, employaient déjà de petits trucs pédagogiques. On les sentait à leur affaire; ils ne s'en allaient qu'à regret. Deux de ces bons moniteurs sont devenus à leur tour maîtres d'école; ils nous ont déclaré avoir pris goût à l'enseignement parmi les bambins confiés à nos soins.

SOURCE : Ernest Pérochon, *L'Instituteur*. Hachette, 1927.

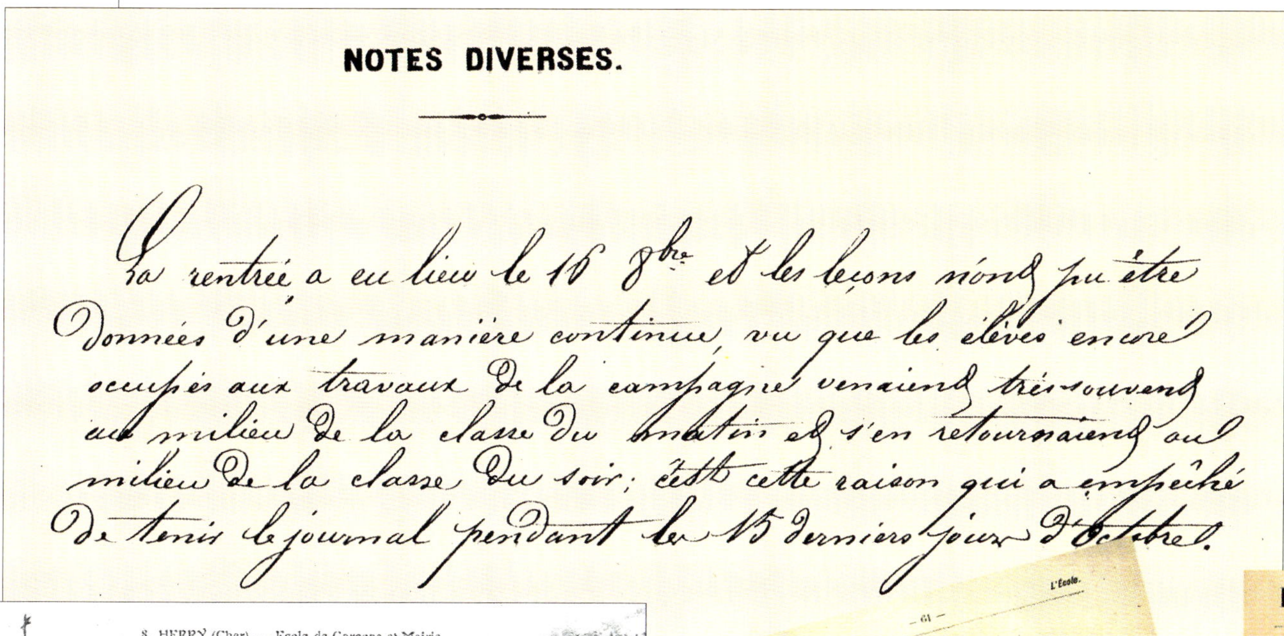

NOTES DIVERSES.

La rentrée a eu lieu le 16 8bre et les leçons n'ont pu être données d'une manière continue, vu que les élèves encore occupés aux travaux de la campagne venaient très souvent au milieu de la classe du matin et s'en retournaient au milieu de la classe du soir; c'est cette raison qui a empêché de tenir le journal pendant les 15 derniers jours d'octobre.

UN CAS DE FORCE MAJEURE

L'obligation scolaire doit bon gré mal gré s'accommoder des rythmes saisonniers auxquels se plient les travaux des champs. Un instituteur compréhensif a consigné cette circonstance de force majeure dans son livre de classe, pour se ménager les bonnes grâces des parents et l'indulgence de M. l'Inspecteur. (Extrait d'un livre de classe datant de 1870.)

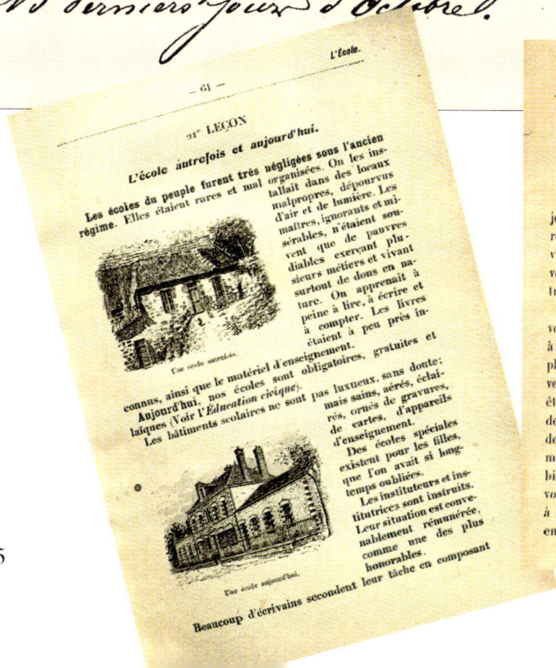

L'École.

— 61 —

21e LEÇON

L'école autrefois et aujourd'hui.

Les écoles du peuple furent très négligées sous l'ancien régime. Elles étaient rares et mal organisées. On les installait dans des locaux malpropres, dépourvus d'air et de lumière. Les maîtres, ignorants et misérables, n'étaient souvent que de pauvres diables exerçant plusieurs métiers et vivant surtout de dons en nature. On apprenait à peine à lire, à écrire et à compter. Les livres étaient à peu près inconnus, ainsi que le matériel d'enseignement.

Une école autrefois.

Aujourd'hui, nos écoles sont obligatoires, gratuites et laïques (Voir l'*Éducation civique*).

Les bâtiments scolaires ne sont pas luxueux, sans doute; mais sains, aérés, éclairés, ornés de gravures, de cartes, d'appareils d'enseignement.

Des écoles spéciales existent pour les filles, que l'on avait si longtemps oubliées.

Les instituteurs et institutrices sont instruits. Leur situation est convenablement rémunérée, comme une des plus honorables.

Une école aujourd'hui.

Beaucoup d'écrivains secondent leur tâche en composant

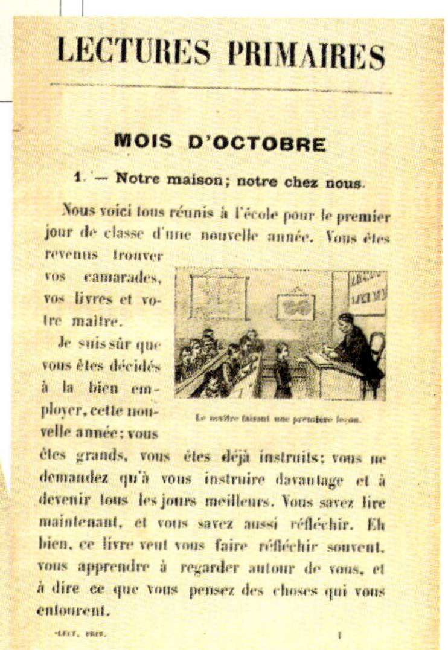

LECTURES PRIMAIRES

MOIS D'OCTOBRE

1. — Notre maison; notre chez nous.

Nous voici tous réunis à l'école pour le premier jour de classe d'une nouvelle année. Vous êtes revenus trouver vos camarades, vos livres et votre maître.

Le maître faisant une première leçon.

Je suis sûr que vous êtes décidés à la bien employer, cette nouvelle année; vous êtes grands, vous êtes déjà instruits; vous ne demandez qu'à vous instruire davantage et à devenir tous les jours meilleurs. Vous savez lire maintenant, et vous savez aussi réfléchir. Eh bien, ce livre veut vous faire réfléchir souvent, vous apprendre à regarder autour de vous, et à dire ce que vous pensez des choses qui vous entourent.

LECT. 1919. 1

« Monsieur l'instituteur »

« *L'instituteur est le second père de l'enfant : il lui donne la vie de l'esprit.* »

J. Dutilleuil, A. Rame, *La Lecture hebdomadaire.* Cours préparatoire et élémentaire. Librairie A. Guédon, 1905.

Il fabrique des esprits

A-t-on réfléchi à ce qu'est un instituteur? Vous entrez chez un charron ; il fabrique des roues et des timons; vous dites : c'est un homme utile.

Vous entrez chez un tisserand... il fabrique de la toile; vous dites : c'est un homme précieux.

Vous entrez chez un forgeron; il fabri-que des pioches, des marteaux, des socs de charrue; vous dites : c'est un homme nécessaire.

Ces hommes, ces bons travailleurs, vous les saluez.

Vous entrez chez un instituteur : saluez plus bas; savez-vous ce qu'il fait? Il fabrique des esprits.

Victor Hugo.

SOURCE : E. Huleux, *La Vie littéraire à l'école.* Cours élémentaire. A. Picard, 151e mille, s. d.

La mission d'instruire

L'instituteur a reçu du pays la mission de m'instruire et de faire de moi un bon citoyen. Il a la confiance de mes parents qu'il représente et dont il a l'autorité.

SOURCE : Platrier, Martin, Brochet, Caviale, *Nouveau Cours d'études primaires.* Cours moyen, 1er semestre. Librairie Félix Juven, 1906.

« Je pense tout haut pour eux »

J'instruis tous les enfants de la classe, et
[les heures
Que je passe avec eux sont pour moi les
[meilleures.
Je me dis que je vais donner à leur esprit
La vérité, ce pain dont l'âme se nourrit;
Puis je pense tout haut pour eux; le cercle
[écoute,
Et mon cœur dans leur cœur se verse
[goutte à goutte.

SOURCE : Lamartine, *Jocelyn.* Hachette et Cie.

Devoirs envers l'instituteur

Vous devez aimer votre instituteur, lui obéir, le respecter, lui être reconnaissants. Vous devez l'aimer, car il prend soin de vous, forme votre intelligence et votre cœur.

Vous devez le respecter et lui obéir, car vos parents vous ont confiés à lui. Ils lui ont donné l'autorité qu'ils ont sur vous.

Vous devez lui être reconnaissants, car la nourriture qu'il donne à votre esprit vous est aussi nécessaire que la nourriture de votre corps.

L'instituteur ne représente pas seulement vos parents ; il représente aussi la patrie, qui l'a chargé d'élever ses enfants.

SOURCE : Pierre Laloi, *La Première Année d'instruction morale et civique*. Armand Colin, 29e éd., s. d.

UN CITOYEN MODÈLE

Désintéressement, dévouement, abnégation, tel est le portrait moral que les manuels scolaires brossent unanimement de l'instituteur. La propagande républicaine, efficacement relayée par la presse populaire, lui attribue même des dispositions certaines au sacrifice héroïque, telle cette institutrice qui se sacrifie pour une élève.

Le Petit Journal

Le Petit Journal
CHAQUE JOUR — SIX PAGES — 5 CENTIMES
Le Supplément illustré
CHAQUE SEMAINE 5 CENTIMES

5 Centimes — SUPPLÉMENT ILLUSTRÉ — 5 Centimes
Huit pages
L'AGRICULTURE MODERNE, 5 cent. — La Mode du Petit Journal, 10 cent.

ABONNEMENTS
SEINE ET SEINE-ET-OISE 2 fr. 3 fr. 50
DÉPARTEMENTS 2 fr. 4 fr.
ÉTRANGER 2 50 5 fr.

Treizième année — DIMANCHE 7 DÉCEMBRE 1902 — Numero 629

« LE PLUS BEAU MÉTIER DU MONDE »

Presque cent ans après la promesse dudécret du 27 brumaire an II, la loi du 19 juillet 1889 transfère au Trésor public la responsabilité de rétribuer les instituteurs, jusqu'alors payés par les communes.

Malgré une revalorisation des traitements en 1909 et 1914 (2 200 F puis 2 300 F par an) « le plus beau métier du monde » demeure peu lucratif. En 1914, une enquête classe la France au vingt-quatrième rang en Europe pour le traitement des instituteurs, à égalité avec le Monténégro, soit moins de la moitié du traitement des maîtres d'école allemands.

CANTINE SURVEILLÉE

Les communes richement dotées confient aux instituteurs, moyennant une allocation d'appoint, la surveillance de la cantine. Tout le monde y retrouve son compte : la commune est libérée d'une charge essentielle, les parents sont rassurés, l'instituteur est mieux rétribué. Et surtout, le moment de la cantine concilie avantageusement garderie et pédagogie.

UN PRÉCIEUX AUXILIAIRE

En complément du traitement dont l'État supporte intégralement la charge à partir de 1889, les communes accordent souvent à l'instituteur une petite rémunération annexe, moyennant de précieux services : secrétaire de mairie, télégraphe, ou surveillant de cantine...

Les instituteurs ambulants du Queyras

Le petit Français moderne, qui, dans la plupart de nos communes, va chercher l'instruction dans des écoles communales confortables et munies d'accessoires presque luxueux, ne se doute pas qu'il y a encore des régions, en notre pays même, où il est loin d'en être ainsi [...].

Les habitants de la vallée de Queyras sont cependant instruits. Il y a dans chaque commune un ou plusieurs instituteurs, payés par elle, qui vont donner des leçons dans les familles, passant huit jours dans chaque maison, nourris par les parents de leurs élèves. Ces pédagogues se rendent aux foires où ceux qui en ont besoin traitent avec eux.

Leur profession était jadis indiquée par des plumes à écrire qu'ils portaient au chapeau et dont le nombre indiquait l'étendue de leur science ; une plume annonçait qu'ils enseignaient à lire et à écrire ; deux, qu'ils savaient le latin ; trois, qu'ils pouvaient montrer les mathématiques, etc. ; il était rare d'en rencontrer qui en eussent plus de trois.

Les enfants sont sous leur surveillance immédiate, mais, les quelques mois de scolarité écoulés, ces instituteurs retournent chez eux et redeviennent de simples journaliers qu'on emploie à tous les travaux.

SOURCE : *Le Petit Français illustré*, 11 juillet 1903.

La première visite de l'inspecteur

La première visite de l'inspecteur scolaire me fit une impression profonde. L'institutrice était si troublée que ses mains tremblaient en lui tendant le journal de classe, et le père Iltis, à la mine d'ordinaire si sévère, ne faisait que sourires et courbettes.

Mais mon émotion provenait avant tout de ce que, pour la première fois de ma vie, je voyais de mes yeux un homme qui avait écrit un livre. Son nom (il s'appelait Steinert) était imprimé en toutes lettres sur le livre vert de lecture des classes moyennes, et sur le livre jaune des classes supérieures ; et voici qu'en chair et en os se dressait devant mes yeux émerveillés l'auteur de ces deux livres, qui le plaçaient immédiatement après la Bible.

Son extérieur n'avait rien d'imposant : une taille exiguë, un nez rouge, un crâne chauve, un ventre d'obèse ; habit gris. Mais à mes yeux, il était auréolé d'une gloire : il était l'homme qui a écrit un livre. Je ne comprenais pas que l'instituteur et l'institutrice lui parlent comme à un commun mortel.

SOURCE :
ALBERT SCHWEITZER,
Souvenirs de mon enfance.
Albin Michel, 1960.

ENFIN LES PALMES !

Témoignage officiel de reconnaissance ou preuve matérielle d'une secrète influence, les palmes académiques ont toujours fait rêver l'instituteur qui en est dépourvu. Dans sa pièce de théâtre Topaze *(1928) Marcel Pagnol s'amuse de cette douce vanité avec une touche délicate de cynisme :*

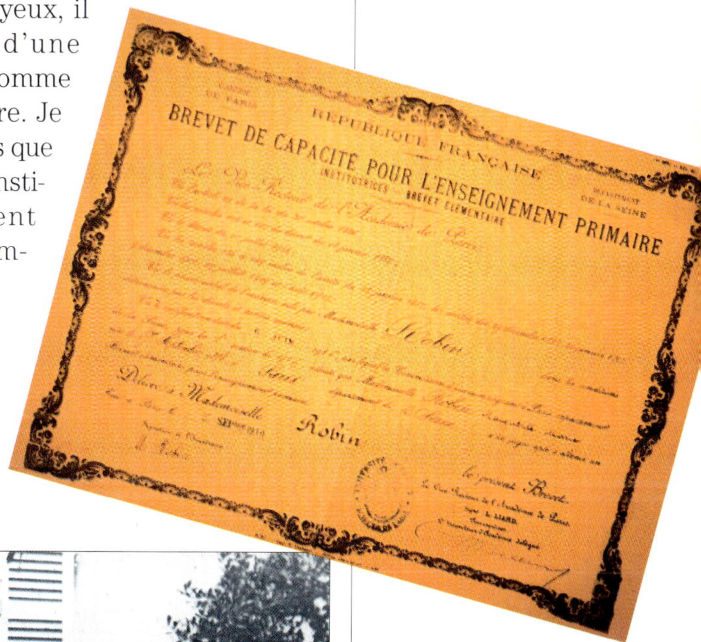

MUCHE
M. l'inspecteur d'académie a dû distribuer tous les rubans dont il disposait à des maîtres plus anciens que vous... Tenez, reprenez votre dossier. Ses dernières paroles ont été : « Dites bien à M. Topaze que pour cette année, je lui décerne les palmes moralement. »

TOPAZE
Moralement ?

MUCHE
Moralement. C'est peut-être encore plus beau.

« À l'école, on travaille »

« Chacun, pour le pays, doit peiner à son tour...
Marchez vers le savoir, car vous serez un jour,
Humbles petits cerveaux, le cerveau de la France. »

JACQUES NORMAND, *Les Visions sincères.*

Pourquoi allez-vous à l'école ?

La maîtresse, Mme Delorme, écrivit au tableau noir cette question : Pourquoi allez-vous à l'école ?

Chaque élève eut à donner la réponse sur son ardoise. La petite Zélie écrivit : « Je vais à l'école parce que mes parents m'y obligent. »

Marcelline répondit : « Je vais à l'école pour gagner des bons points et des prix. »

Petite Suzette écrivit : « Je vais à l'école pour apprendre les choses utiles que je ne sais pas ; j'y vais pour apprendre à bien conduire mon ménage quand je serai grande. »

– Très bien, petite Suzette, dit l'institutrice ; ajoute qu'on va à l'école pour apprendre à agir, en toute chose, moralement, c'est-à-dire avec droiture et avec bonté.

Puis elle donna un bon point à Suzette.

SOURCE : MARIE-ROBERT HALT, *L'Enfance de Suzette*. Delagrave, 1907.

On fait l'appel, j'appelle, appeler. — C
chauffé, chauffer, chauffage. —
tait, il faut se taire, nous nous taison

A l'école on se tait.

L'école a plusieurs classes. Je suis d
classe **élémentaire** avec les jeunes en
Notre
est g
et

avons des tables commodes pour é
quand le soleil donne trop fort, on t
grands rideaux.

Le maître veut que nous nous taisio

DE LANGUE FRANÇAISE.

LECTURE ET RÉCITATION

XI. — Après la classe.

Quand l'écolier revient, au bout de la journée,
Vers le toit paternel qui fume à l'horizon,
Sa tâche d'écolier à peine terminée,
Le devoir filial l'attend à la maison.

Sa mère, pauvre veuve, au travail résignée,
A reconnu le bruit des pas de son garçon ;
Elle quitte son banc près de la cheminée
Où brûle tristement quelque maigre tison.

Elle court vers son fils, et le serre et l'embrasse
Et puis cent questions des choses de la classe :
« A-t-il bien travaillé ? le maître est-il content

Et l'enfant, tout joyeux des baisers de sa mère,
[illegible]
[illegible]

H. DURAND. [illegible]

Tes livres sont tes armes

Peut-être ne vas-tu pas encore à l'école avec l'air résolu et le visage souriant que tes parents désirent te voir. Songe un peu pourtant, mon enfant, combien ta journée serait vide si tu n'allais pas en classe ! [...]

Le matin, lorsque tu sors, à la même heure, dans ton département, des milliers d'enfants vont comme toi s'enfermer trois heures dans une classe pour étudier. Pense encore à tous les enfants qui, presque en même temps, dans tous les pays du monde, vont à l'école. [...]

Imagine-toi cette fourmilière d'écoliers de cent peuples différents, l'immense mouvement dont ils font partie, et dis-toi : « Si ce mouvement cessait, l'humanité retomberait dans la barbarie ; ce mouvement est le progrès, l'espérance, la gloire du monde ! »

Courage donc, petit soldat de l'armée immense, tes livres sont tes armes, ta classe est ton escadron, le champ de bataille est la terre entière, et la victoire, la civilisation humaine ! Oh ! Ne sois jamais un soldat poltron, mon enfant !

SOURCE : L. Villain, L. Comtois, G. Loiret, *La Lecture du jour.* Cours élémentaire. Delagrave, 55e mille, 1913.

L'avenir appartient aux écoliers

Si tous les écoliers travaillent, l'avenir du pays s'en ressentira. Les générations nouvelles ajouteront à la gloire et au bonheur de la patrie.

C'en serait fait de la nation, si, pendant vingt ans, tous les écoliers étaient des paresseux. Il n'est pas un pays au monde qui ne tombât en décadence si les petits enfants s'entendaient tous un beau jour pour être ignorants.

C'est donc être un mauvais citoyen, ce n'est pas aimer la France, ce n'est pas aimer l'humanité dont le sort est lié à la France, que de ne pas apprendre sa leçon, que de ne pas faire son devoir, que de ne pas avoir, dès l'école, l'amour du bien et du bon, l'amour du devoir.

P. J. Stahl, *Morale familière.* Hetzel.

SOURCE : D. Bonnehon, P. E. Turgan, *Lectures choisies, prose et poésie.* Cours élémentaire et moyen. J. Bricon, 10e éd., 1900.

CODE HORAIRE, RYTHME SCOLAIRE

En 1880, il est établi, sauf décision contraire du préfet, que les classes durent trois heures le matin, trois heures l'après-midi.
La classe du matin commence à huit heures, celle de l'après-midi à treize heures. Le principe des deux récréations, accordées par Victor Duruy en 1866, est maintenu.
Les écoles sont fermées les dimanches, les jeudis et les jours de fête.
La date des vacances d'été, qui se prêtait jusqu'alors à de véritables négociations avec le conseil académique du département pour tenir compte du calendrier agraire, est uniformisée dès l'entrée en vigueur des lois fondatrices de l'Instruction publique.
Les écoles sont désormais fermées en août et en septembre. La rentrée des classes s'établit le 1er octobre, jour de la Saint-Théophile.
Outre la semaine des vacances de Pâques, les écoliers profitent aussi de six jours chômés correspondant à des fêtes religieuses : la Toussaint, le jour de Souvenir des défunts, Noël, le jour de l'An, le mercredi des Cendres (férié de 1893 à 1910) et le lundi de Pentecôte.
Noël et jour de l'An ne s'accompagnent d'aucunes vacances. Mais le préfet ou l'inspecteur d'académie peuvent accorder un jour supplémentaire lorsque le jour férié coïncide avec un jeudi ou lorsqu'il permet – déjà à cette époque – de « faire le pont ».

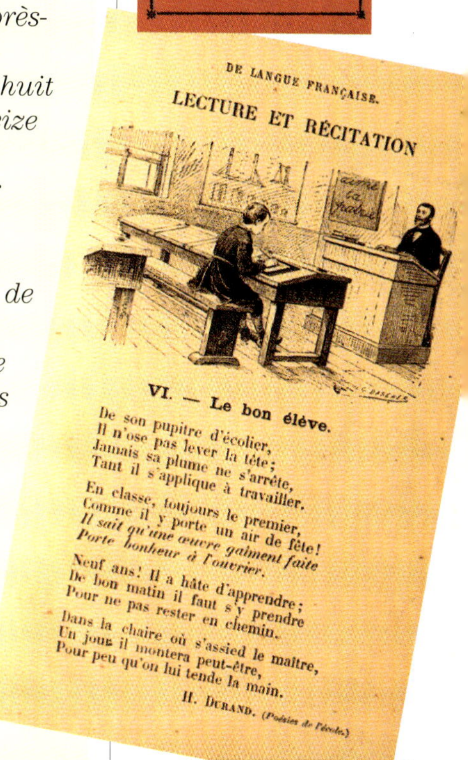
DE LANGUE FRANÇAISE.

LECTURE ET RÉCITATION

VI. — Le bon élève.

De son pupitre d'écolier,
Il n'ose pas lever la tête ;
Jamais sa plume ne s'arrête,
Tant il s'applique à travailler.

En classe, toujours le premier,
Comme il y porte un air de fête !
Il sait qu'une œuvre gaîment faite
Porte bonheur à l'ouvrier.

Neuf ans ! Il a hâte d'apprendre ;
De bon matin il faut s'y prendre
Pour ne pas rester en chemin.

Dans la chaire où s'assied le maître,
Un jour il montera peut-être,
Pour peu qu'on lui tende la main.

H. Durand. (*Poésies de l'école.*)

« BRAVO, TU AURAS UNE IMAGE... »

Bons points, témoignages de satisfaction, billets d'honneur et belles images ponctuent la subtile liturgie de la récompense scolaire. En célébrant le goût de l'effort et l'amour du travail bien fait, l'école laïque imprime dans les consciences l'obligation de résultat, le devoir de persévérance et les vertus de l'émulation qui prédisposent à l'excellence républicaine... Au grand dam de celles et ceux qui l'ont connu, ce charmant usage disparaît de l'école laïque, au nom de théories psycho-pédagogiques privilégiant l'égalitarisme aux dépens du mérite.

Une école particulière...

À l'époque dont je parle, il y avait un grand nombre de communes en France qui n'avaient pas d'écoles, et parmi celles qui existaient il s'en trouvait qui étaient dirigées par des maîtres qui, pour une raison ou pour une autre, parce qu'ils ne savaient rien, ou parce qu'ils avaient autre chose à faire, ne donnaient aucun enseignement aux enfants qu'on leur confiait. Ils gardaient les enfants, croyant que c'était le principal.

C'était le cas du maître d'école de notre village. Savait-il quelque chose ? C'est possible, et je ne veux pas porter contre lui une accusation d'ignorance. Mais la vérité est que, pendant le temps que je restai chez lui, il ne nous donna pas la plus petite leçon ni à mes camarades, ni à moi. Étant de son véritable métier sabotier, c'était à ses sabots qu'il travaillait, et, du matin au soir, on le voyait faire voler autour de lui les copeaux de hêtre et de noyer. Jamais il ne nous adressait la parole, si ce n'est pour nous parler de nos parents, ou bien du froid, ou bien de la pluie ; mais de lecture, de calcul, jamais un mot. Pour cela il s'en remettait à sa fille, qui était chargée de le remplacer et de nous faire la classe.

SOURCE : Hector Malot, *Sans famille*.

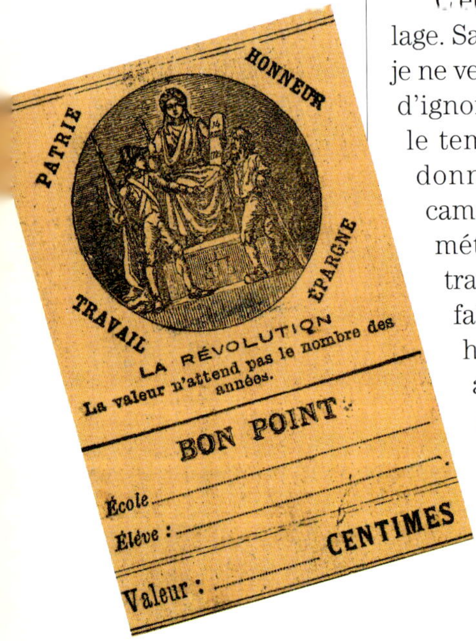

ÉCOLE INSTITUÉE, EFFECTIF LIMITÉ

Une loi du 9 août 1870 dispose qu'« il y aura autant de classes qu'il y a de fois quatre-vingts élèves ».
En 1876 pourtant, près du vingtième des classes compte encore plus de quatre-vingts élèves.
La loi sur les constructions scolaires du 20 mars 1883 – portant obligation de construire des maisons d'école dans les chefs-lieux de communes et dans les hameaux – tentera d'améliorer la situation en imposant que les classes citadines soient « limitées à cinquante places ».
La moyenne des effectifs, constatée en 1880, était de cinquante et un élèves pour les filles, cinquante-quatre élèves pour les garçons...
L'attention au travail était donc de rigueur.

TÉMOIGNAGE DE SATISFACTION
L'Instruction est un Trésor
Le Travail en est la clef
LE BOITEUX LE BOSSU & L'AVEUGLE
Décerné à l'Elève Taturet

R.F.
BILLET D'HONNEUR
Accordé à Mlle
Y. Vauvert
Le 31 octobre
Honneur au Travail

LE DÉSIR DE PARAÎTRE HABILE, EMPÊCHE SOUVENT DE LE DEVENIR.
LA MOQUERIE EST SOUVENT INDIGENCE D'ESPRIT.
LA RÉCOMPENSE D'UNE BONNE ACTION C'EST DE L'AVOIR FAITE.
SI LE PLAISIR EST LA FLEUR DE LA JEUNESSE, LE BONHEUR À TOUT AGE EST LE FRUIT DE LA VERTU.

BILLET DE SATISFACTION

Billet Hebdomadaire.
BIEN
L'Elève porteur de ce Billet a rempli ses devoirs pendant la semaine d'une manière
satisfaisante

RÉPUBLIQUE FRANÇAISE
BILLET DE SATISFACTION
LIBERTÉ · ÉGALITÉ · FRATERNITÉ
ABCDEFGH
DE L'INSTRUCTION
NAIT LA GRANDEUR DES NATIONS
A. PICARD
Déposé

A LA BELLE JARDINIÈRE
MANUFACTURE
DE
Café Chicorée
4 DIPLÔMES D'HONNEUR
1886 JANVIER
FÉVRIER
MARS
AVRIL
MAI
JUIN
1886 JUILLET
AOUT
SEPTEMBRE
OCTOBRE
NOVEMBRE
DÉCEMBRE
A LA BELLE JARDINIÈRE
3 MÉDAILLES D'OR
4 DIPLÔMES D'HONNEUR
PARIS
PARIS
1883
1885
CHICORÉE EXTRA
C. BERIOT
A LILLE
NORD
C. BERIOT (LILLE)

Des angoisses et des joies

« Sachons sourire : sourire à la vie, sourire à nos devoirs, sourire même à nos peines. »

D. BONNEHON, P. E. TURGAN, *Lectures choisies.* Cours préparatoire et élémentaire. J. Bricon.

Angoisses et joies, bons et mauvais souvenirs se bousculent dans une épopée scolaire que chaque génération magnifie avec le recul. « De mon temps, c'était quand même autre chose... »

Hier comme aujourd'hui, l'enfance subit les mêmes frayeurs. Quel écolier n'a pas ressenti un jour l'accumulation exaspérante des devoirs et la sensation terrifiante de la leçon mal apprise ? Si le flagrant délit d'ignorance était jadis sévèrement réprimandé, le goût de l'effort, l'amour du travail bien fait étaient solennellement récompensés : bons points et belles images portaient en eux le témoignage stimulant de la persévérance.

Hier comme aujourd'hui, l'enfance est la période du « dressage ». Et la même question subsiste : infliger la punition, est-ce un devoir ou une prérogative ? Dès son origine, l'école de la République se veut catégorique : il est permis de châtier, mais il est interdit de frapper. Position formelle, certes, mais embarrassée tout de même, car les bonnes vieilles habitudes sont tenaces. Dans son *Dictionnaire de pédagogie* (1882), à la lettre P comme punition, Ferdinand Buisson concède pudiquement que le principe doit hélas s'accommoder d'une certaine pratique : « La Révolution en France, dans ce domaine comme tant d'autres, ouvre une période nouvelle et bannit les châtiments physiques, sinon de l'usage, du moins des règlements scolaires. »

L'Instruction publique, c'est tout à son honneur, réprouve, condamne et lance une mise en garde solennelle à ses hussards : « il est absolument interdit d'infliger aucun châtiment corporel », confirment les règlements modèles du 18 juin 1887, d'où disparaît la prescription des punitions afflictives et infamantes jusqu'alors en vigueur, telles que la mise à genoux et le port d'un écriteau désignant la nature de la faute.

Le châtiment a pour fonction de punir et de faire expier ; il ne saurait avilir et déshonorer. Seul le bonnet d'âne, dont aucun règlement ne fait mention, échappera à ces exhortations sentencieuses : une pièce de folklore scolaire qui, par sa puissante évocation, s'ingéniait à concilier drôlerie et pédagogie...

Interrogations et punitions

Une discipline sévère

La discipline de l'école était sévère ; pour les petites fautes, on était puni par l'agenouillement simple ; pour les grandes, par l'agenouillement avec une main levée portant une brique, ou bien par des coups de baguette. La peine la plus grave : placé près du maître, je voyais la grimace du supplicié, qui tendait une main et cachait l'autre derrière son dos, afin d'être tranquille au moins pour celle-là.

Je me vante de n'avoir subi ni les coups de baguette, ni l'agenouillement, même simple. J'étais un écolier sage.

SOURCE : Ernest Lavisse, *Souvenirs.*

DES PUNITIONS CODIFIÉES

Le statut sur les écoles primaires communales du 23 avril 1834 établit, dans son article 29, que « les élèves ne pourront jamais être frappés.
Les seules punitions dont l'emploi est autorisé sont les suivantes :
– un ou plusieurs mauvais points ;
– la réprimande ;
– la restitution d'un ou plusieurs billets de satisfaction ;
– la privation de tout ou partie des récréations avec une tâche extraordinaire ;
– la mise à genoux pendant une partie de la classe ou de la récréation ;
– l'obligation de porter un écriteau désignant la nature de la faute ;
– le renvoi provisoire de l'école ».
Les règlements modèles du 18 janvier 1887 pour les écoles maternelles et les écoles primaires élémentaires ajouteront « la retenue après la classe, sous la surveillance de l'instituteur ». Mais ils retireront de la liste des punitions autorisées les mesures afflictives et infamantes : la mise à genoux et le port d'écriteau. Ils estimeront en outre nécessaire de rappeler dans leur article 20 qu'« il est absolument interdit d'infliger aucun châtiment corporel », comme pour conjurer des pratiques qui ont encore la vie dure.

Un traitement de faveur

Mon père était professeur de septième, professeur élémentaire, comme on disait alors. J'étais dans sa classe [...].

À côté de moi, un petit bonhomme qui est devenu un haut personnage, un grand préfet, et qui à cette époque-là était un affreux garnement, fort drôle du reste, et pas mauvais compagnon.

Il faut bien qu'il ait été vraiment bon garçon, pour que je ne lui aie pas gardé rancune de deux ou trois brûlées que mon père m'administra, parce qu'on avait entendu de notre côté un bruit comique, ou qu'il était parti d'entre nos souliers une fusée d'encre. C'était mon voisin qui s'en payait.

Chaque fois que je le voyais préparer une farce, je tremblais : car s'il ne se dénonçait pas lui-même par quelque imprudence, et si sa culpabilité ne sautait pas aux yeux, c'était moi qui la gobais : c'est-à-dire que mon père descendait tranquillement de sa chaise et venait me tirer les oreilles, et me donner un ou deux coups de pied, quelquefois trois.

Il fallait qu'il prouvât qu'il ne favorisait pas son fils, qu'il n'avait pas de préférence. Il me favorisait de roulées magistrales et il m'accordait la préférence pour les coups de pied au derrière.

SOURCE : Jules Vallès, *L'Enfant*.

Annonce d'une retenue

Ma chère maman,

C'est le cœur bien gros que je t'écris de ne pas m'envoyer chercher samedi prochain, je suis en retenue, et j'en éprouve tant de chagrin que je crois pouvoir te promettre que cela ne m'arrivera plus.

Tu vas me demander pourquoi je suis encore privée cette fois du plaisir de te voir. Je suis bien honteuse d'être obligée de t'avouer que c'est toujours mon étourderie en classe. Je ne sais pas comment je m'y prends, jamais je ne sais mes leçons comme tout le monde ; nous avions hier une composition de mémoire, et j'ai été la dernière.

La maîtresse de notre classe prétend que si, au lieu de babiller et de flâner, je m'occupais sérieusement de mes leçons, je réussirais tout comme les autres. Je crois qu'elle a

Chacun son métier

« Pauvre chéri : il t'a puni, le maître ? Je vais l'arranger. » C'est ainsi que parlent quelquefois des parents étourdis.

Or, savez-vous ce qu'ils versent par ces paroles en l'âme de leur enfant ? Du poison ! Bien des enfants ainsi excités en arrivent à mentir et à calomnier, accusant de dureté et d'injustice les meilleurs des maîtres. Oh ! n'enseignons pas la haine à nos enfants !

[...] « C'est bien, j'irai voir. » Telle est la réponse que donne un vrai père à un enfant qui accuse son maître. Il va le voir, en effet, en dehors des heures de classe, et, sans colère, sans injure, évitant une scène, il l'instruit loyalement de tout. Si par extraordinaire le maître a fait erreur, soyez assuré qu'il vous donnera satisfaction. Il n'est point besoin pour cela de vous faire accompagner du maire ou d'une puissance politique.

Arrangez vos affaires en famille : l'éducation de nos enfants mérite bien cela. [...]

Sous prétexte d'aider l'école, vous occuperez-vous de ce que le maître enseigne et de sa manière d'enseigner ? Non, programmes et méthodes sont réglés par la loi ; vous n'avez là-dessus aucun droit d'intervenir ; d'ailleurs, vous savez, chacun son métier.

SOURCE : Lalanne, Bidault, *L'Éducation ménagère à l'école primaire*. Bibliothèque d'éducation, s. d.

UNE LAMENTABLE FAIBLESSE

Si, à en croire le Dictionnaire de pédagogie de Ferdinand Buisson (1882) « le soufflet paternel est le commencement de la pédagogie », la correction corporelle signe pour le maître l'aveu d'un échec : faute de ne pouvoir se faire entendre ou se faire respecter, il frappe. Une faiblesse déplorable que l'Instruction publique s'interdit bien sûr de cautionner : « alors même qu'on reconnaîtrait l'efficacité éducative de la punition corporelle, ce ne serait pas une raison suffisante pour investir l'instituteur du droit de frapper [...]. L'expérience montre en effet que ce sont les maîtres les moins capables qui usent jusqu'à l'excès le plus révoltant de ce moyen que les bons pédagogues de tous les pays et de tous les temps se sont toujours refusés à employer ».

raison, mais si tu savais comme c'est difficile de s'appliquer pendant des heures entières !

Je t'en prie, chère maman, ne sois pas trop fâchée contre ta petite fille, car je crois vraiment que c'est la dernière fois que je t'écrirai pour un pareil motif. Je vais prendre une belle résolution, et la pensée de te rendre heureuse m'aidera à la tenir.

Adieu, chère maman, je t'aime et t'embrasse de tout mon cœur, et je te prie encore une fois de me pardonner le chagrin que je te cause.

Ta fille affectionnée et repentante.

Laure.

Dieu ! que je vais m'ennuyer dimanche !

SOURCE : Mme C. Bourgoin, *La Petite Glaneuse épistolaire*. Librairie classique et d'éducation, 1865.

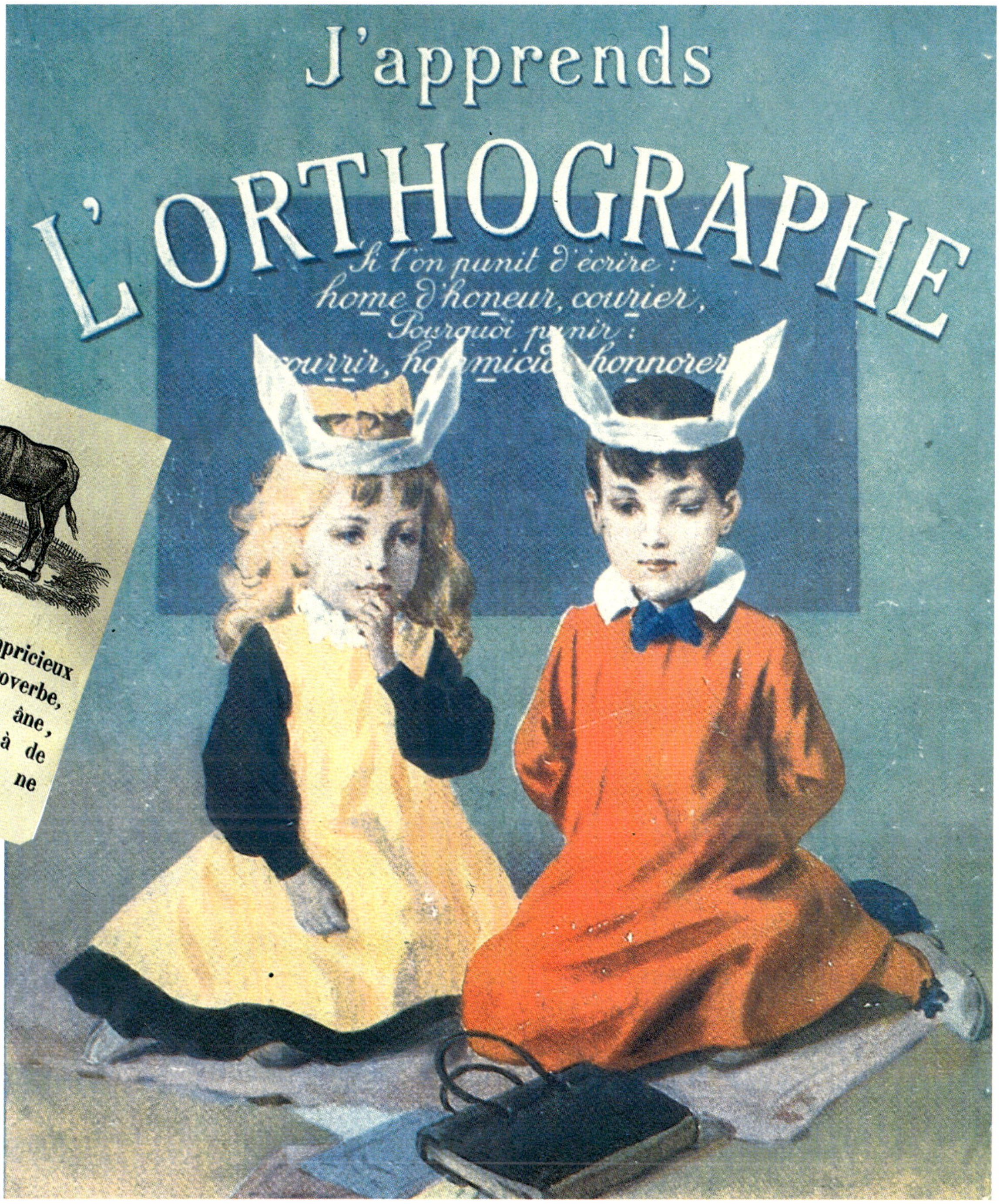

BONNET D'ÂNE : UNE HISTOIRE D'OREILLES...

Les règlements de l'Instruction publique proscrivent les punitions infamantes, mais le folklore scolaire tolère l'usage du bonnet d'âne pour mettre au piquet les élèves peu soigneux, paresseux ou têtus. L'origine de cette pratique demeure incertaine ; elle remonterait au début du christianisme. Fascinés par l'entêtement des chrétiens à proclamer leur foi malgré les persécutions endurées, les païens les tournent en dérision en les représentant avec une tête d'âne, sans doute en symbole de la place que cet animal tient dans la vie du Christ. Seules les oreilles, la partie la plus visible, auraient par la suite survécu à cette caricature, donnant tout naturellement naissance au bonnet d'âne.
Dans ce même registre de dénigrement, les enseignants prédicateurs du christianisme sont représentés vêtus d'une toge professorale et affublés d'oreilles d'âne. Ironie vengeresse de la culture populaire : le bonnet d'âne coiffe désormais les oreilles du cancre, et ne les abandonnera plus.

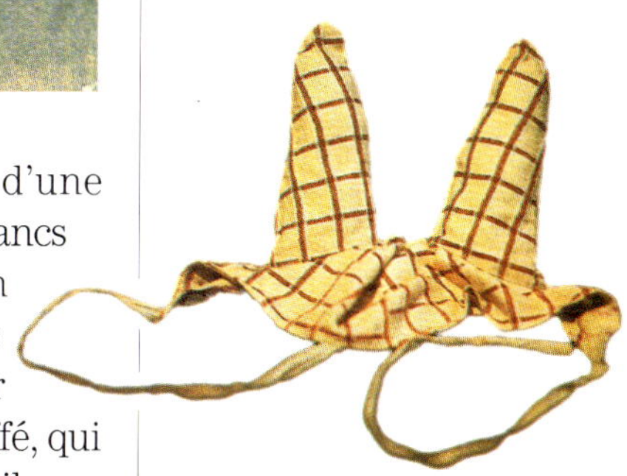

Des doigts meurtris

En attendant, je ne faisais rien ou pas grand-chose de bon. Comment ai-je appris à lire ? Je l'ignorerais encore si l'on ne m'avait dit que ce fut rue des Clastres, au troisième étage, dans l'ancien réfectoire d'un couvent, où M. Antoine, mort l'an passé, tenait son école, et j'ai besoin de descendre bien avant dans mes souvenirs pour retrouver la vague image – si vague que, parfois elle me semble un rêve – d'une grande salle blanche et voûtée, pleine de bancs boiteux, de cartables et de tapage, avec un vieux bonhomme brandissant sa canne sur une estrade, et descendant parfois pour battre quelque pauvre petit diable ébouriffé, qui restait après cela des heures à pleurer en silence et à souffler sur ses doigts meurtris.

SOURCE : PAUL ARÈNE, *Jean-Des-Figues.* Journal *Paris illustré*, 26 mai 1888.

L'école buissonnière

« Celui qui manque volontairement l'école se prépare de grands chagrins pour plus tard. »

F. Thomas, *Pierre et Suzette*. Librairie d'éducation.

Page de droite :

LES FUGITIFS

– Quels sont ces enfants ? demandèrent les gendarmes au mendiant.
– Ce sont des enfants égarés.
– Alors nous savons qui vous êtes... nous sommes à votre poursuite, mauvais garnements !.. Vous venez de Cysoing, où vous avez laissé vos parents dans une inquiétude mortelle. Il faut nous suivre maintenant.
Et c'est ainsi que, quelques heures plus tard, nos trois étourdis faisaient leur entrée à Cysoing entre deux gendarmes
La fermière, en larmes, remercia avec effusion les gendarmes, puis, les ayant interrogés, elle apprit de leur bouche le lieu où ils avaient trouvé ses enfants :
– Et où alliez-vous, malheureux ? s'écria la pauvre mère.
Les aînés baissaient la tête. Ce fut Baptiste qui répondit :
– En Amérique !

SOURCE : Mon journal. *10 février 1894.*

Aller « à l'croustille »

Au temps de la cueillette des pommes, nous escaladions les barrières des pâtures ou bien nous passions à quatre pattes par les trous des haies pour aller « à l'croustille », c'est-à-dire à la maraude. Moi qui n'ai jamais su grimper à un arbre, je faisais le guet vilainement.

SOURCE : Ernest Lavisse, *Souvenirs.*

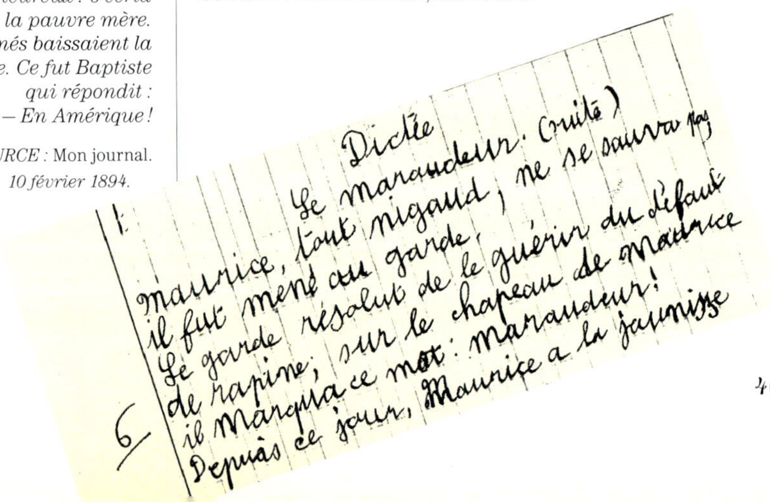

1. Dictée
Le maraudeur (suite)
Maurice, tout nigaud, ne se sauva pas
il fut mené au garde.
Le garde résolut de le guérir du défaut
de rapine ; sur le chapeau de Maurice
il marqua ce mot : maraudeur !
Depuis ce jour, Maurice a la jaunisse
6

Nous allions « guéer »

Trois ou quatre galopins, de ceux qui, sous prétexte d'aller couper de l'herbe, vagabondaient tout le jour, venaient m'attendre à mon départ pour l'école, et me disaient : « Eh, nigaud ! Que veux-tu aller faire à l'école pour rester tout le jour entre quatre murs !... Viens jouer avec nous... »

Hélas ! L'eau claire riait dans les ruisseaux ; là-haut, chantaient les alouettes ; les bleuets, les glaïeuls, les coquelicots, les nielles fleurissaient au soleil dans les blés verdoyants... Et je me disais : « L'école, eh bien ! tu iras demain. »

Et, alors, dans les cours d'eau, avec culottes retroussées, houp ! on allait guéer. Nous barbotions, nous pataugions, nous pêchions des têtards, nous faisions des pâtés, pif, paf ! avec la vase ; puis, on se barbouillait de limon noir jusqu'à mi-jambes pour se faire des bottes.

Quel bonheur, mon Dieu !... Sans compter qu'avec le pain et la pitance de mon bissac, on faisait sur l'herbe, ensuite, un beau petit goûter... Mais il faut que tout finisse !

Voici qu'un jour mon père, que le maître d'école avait dû prévenir, me dit : « Écoute, Frédéric, s'il t'arrive encore une fois de manquer l'école pour aller patauger dans les fos-

sés, vois, rappelle-toi ceci : je te brise ma verge de saule sur le dos... »

Trois jours après, par étourderie, je manquais encore la classe et je retournais « guéer ». Voilà que, sans culotte, pendant qu'avec les autres polissons nous gambadions encore dans l'eau, soudain, à trente pas de moi, je vis apparaître mon père. Mon sang ne fit qu'un tour. Mon père s'arrêta et me cria : « Cela va bien... Tu sais ce que je t'ai promis ? Va, je t'attends ce soir. »

SOURCE : Frédéric Mistral, *Mes origines*. Plon-Nourrit et Cie.

Une double farce

C'est l'été, la chaleur est accablante. Les enfants au sortir de l'école n'en ont pas moins joué, et couru et sauté. Après quoi, comme de juste, ils ont grand soif. Prudemment, ils attendent un peu avant de boire, car ils savent que trop d'accidents mortels proviennent de pareilles imprudences.

– Allons, un verre de champagne, dit le plus gai de la bande, je vous invite tous.

Du champagne ? On se met à rire. C'est du coco, bien sûr, que Jacques va offrir à ses camarades. Vive le coco, champagne des enfants !

On ne l'en suit pas moins avec entrain. Il se précipite, toute la bande sur ses talons, mais il n'y a pas le moindre marchand de coco dans l'endroit où il s'arrête, pas de tintement joyeux, pas de vieux bonhomme à la mine réjouie.

– Buvez, dit Jacques, il y a de quoi désaltérer tout le monde.

En effet, l'eau de la fontaine coule, claire et pure. À côté est une tasse pendant au bout d'une chaîne afin que nul ne soit tenté de l'emporter et d'en priver les autres. [...]

Tout d'un coup Jacques pousse un cri et fait un bond en arrière. Qu'est-il donc arrivé ? C'est Gustave, l'avisé, qui se venge à sa façon. D'une main posée sur le bec de la fontaine, il a détourné le jet d'eau qui asperge Jacques de la tête aux pieds.

Et toute la bande de rire et de battre des mains ! Voilà le farceur attrapé à son tour. C'est justice.

Puis chacun boit à sa soif et Charles, le savant Charles qui, tout simplement, se rappelle ce qu'il a vu et ce qu'il a bu, Charles apprend à ses camarades qu'il n'y a pas encore bien des années que l'eau est distribuée à tous, sans aucune peine : un riche Anglais, Richard Wallace, donna des millions à la ville de Paris, afin que tout le monde, grands et petits, pût se désaltérer sans aller quérir de l'eau à la rivière ou dans les puits.

– Vive Richard Wallace ! crièrent en chœur les gamins reconnaissants.

Jean Levaillant.

SOURCE : *Le Journal des écoliers et des écolières*. 5 mars 1898.

Des rires et des jeux

« *Deux camarades s'affectionnent parcequ'ils partagent les mêmes études, les mêmes récréations.* »

GABRIEL COMPAYRÉ.

Un exercice de repentir

CANEVAS : Vous avez fait l'école buissonnière. Dites comment vous avez été entraîné. Ce que vous avez fait. Vos parents l'ignorent. Vous voyez maintenant quelles conséquences pouvait avoir votre faute. Vous exprimez votre repentir, vous promettez de ne plus jamais recommencer et vous suppliez votre maître de ne pas informer vos parents.

SOURCE : PLATRIER, MARTIN, BROCHET, CAVIALE, *Nouveau Cours d'études primaires.* Cours moyen. 2e semestre. Librairie F. Juven, 1906.

Un gracieux bataillon

Mardi 8 octobre. [...] Les récréations en ce moment sont fort animées : les grandes jouent au croquet; nous, les moyennes, nous jouons au tonneau ou à la corde; les petites font des rondes. On crie, on se dispute, on rit, on pleure, c'est un vacarme sans pareil. Il n'y a rien de plus drôle, de plus mignon, de plus gentil que les petites filles du cours préparatoire, on les croquerait; elles sont toutes à peu près du même âge et de la même taille. Il faut les voir à la récréation : c'est une joie, un entrain, des éclats de rire !... En classe, elles s'accordent toujours bien et se prêtent leurs affaires avec une complaisance comique; jamais elles ne se font punir, et leurs petites bouches ne savent que sourire et donner des baisers. J'espère bien que l'année prochaine ma sauvage de sœur fera partie de ce gracieux bataillon.

SOURCE : CLAIRE NECTOUX, *Journal d'une petite écolière.* Delagrave, 3e éd., 1893.

Le signal de la récré

De chaque salle, après un commandement bref du maître, arrive d'abord un bruit de tables et de bancs remués, puis un traînement confus de pieds qui bientôt, au claquement de mains des instituteurs, retombent en cadence. Et, au rythme de la marche alors célèbre, *Le Drapeau de la*

France, chantée par une centaine de voix claires et aiguës, les enfants débouchent dans le passage, étroit et bordé de mûriers, qui s'étend au-devant de l'école et que barre, de l'autre côté, le haut mur entourant les dépendances de la mairie. Là, les rangs se reforment, compacts, s'ébranlent de nouveau au signal et, toujours en chantant, les pieds martelant le cailloutis du sol, longent le jardin du directeur, remontent vers la cour, en contre-haut, ombragée de quelques pins élevés, et à laquelle on accède par un escalier de plusieurs marches. Un dernier signal : la troupe enfantine se disloque, se disperse dans une clameur de joie et bientôt la récréation bat son plein.

SOURCE : Antonin Lavergne, *Jean Coste, ou l'instituteur de village.* Librairie Paul Ollendorff, 1903.

La camaraderie à l'école

La camaraderie est le commencement de l'amitié. Tout camarade est comme un ami en espérance. Sans doute, on ne peut aimer tous ses camarades également. Il y en a quelques-uns que l'on distingue particulièrement, parce qu'on a le même âge qu'eux, parce qu'on a les mêmes goûts, parce qu'on aime les mêmes jeux, parce qu'on a la même passion pour le travail. [...]

Mais vos camarades, quels qu'ils soient, ont droit à votre bienveillance. Vous devez chercher toutes les occasions possibles de les obliger, de les servir : non seulement parce que, à leur tour, ils vous obligeront et vous serviront, mais parce que c'est à la fois un plaisir et un devoir de rendre service à ses semblables.

Gabriel Compayré.

SOURCE : Prot, Deret, *La Lecture expliquée à l'école primaire.* Cours moyen et supérieur. Montluçon, A. Thorinaud, 1902.

L'escamoteur au collège

Il est venu un escamoteur au collège. Les élèves payaient vingt sous. Vidaljan a eu le malheur d'être choisi pour monter sur l'estrade et tenir le paquet de

cartes ; il a vu couper le cou à la tourterelle, brûler le mouchoir ; il a frôlé Domingo, le compère.

« Pardon, mon ami, qu'avez-vous là dans votre poche ? »

Et on a retiré de sa poche une perruque.

« Vous portez donc vos économies dans vos cheveux ? »

Et on rafle sur sa tête une pièce de cinq francs.

« Maintenant, mon ami, je vous remercie. » Il est descendu à sa place devant tout le collège, entouré, questionné, envié ; sa classe crève de jalousie.

Pourquoi est-ce lui qu'on a pris ? Qui l'a fait choisir ? « Il a de la chance », a dit Ricard aîné, qui pense que, la nuit prochaine...

SOURCE : Jules Vallès, *L'Enfant*.

La toupie et l'enfant

Tourne, tourne ma toupie,
Tourne, tourne, tourne encore ;
Si tu t'arrêtes, ma mie,
Je te frapperai plus fort.

Ainsi parlait maître Eugène
À l'indocile jouet
Qu'il ne faisait pas sans peine
Tourner à coups de fouet.

Eugène, lui dit son père,
Qui le suivait tout pensif,
Et qui le regardait faire,
Dans ce jouet si rétif,
Dans cette sotte toupie,
Je vois l'image accomplie
De l'enfant qui n'obéit
Qu'à celui qui le punit,
Qu'en penses-tu, mon ami ?

Vessiot.

SOURCE : E. Devinat, *Livre de lecture et de morale*. Larousse, 3e éd., 1895.

Un jeu d'adresse

On jouait à la toupie dans la cour : une toupie était couchée au centre d'une circonférence ; chacun des joueurs tenait en main la sienne enroulée à une ficelle serrée ; la meilleure ficelle était de fil d'Anvers – on prononçait Anversse ; nous nous partagions en deux partis ; l'un devait « délivrer » la prisonnière en la faisant sortir du cercle, et l'autre la ramener vers le centre ; pour la déplacer dans un sens ou dans l'autre il fallait la toucher par un coup de sa toupie lancée vigoureusement ; je n'étais pas adroit à ce jeu-là ; jamais une toupie ne fut, de mon fait, délivrée ni retenue captive.

SOURCE : Ernest Lavisse, *Souvenirs*.

Des leçons oubliées

Lire à haute voix la sentencieuse maxime
de morale, résoudre au tableau noir le terrible
problème de calcul, réciter la liste des départements
et des préfectures, ânonner les grandes
dates de l'Histoire de France...
De douces tortures que la mémoire préfère
oublier pour laisser libre cours à la nostalgie.

Lire, écrire et compter

« Pour nous, le livre, quel qu'il soit, est l'instrument fondamental, irrésistible, de l'affranchissement de l'intelligence. »

JULES FERRY,
Discours à la Chambre des députés,
20 décembre 1880.

Lire, écrire, compter... cette fameuse trilogie résume la mission de l'école laïque, gratuite et obligatoire. Elle illustre en tout cas le pragmatisme d'une IIIe République volontaire qui se donne les moyens de réussir, comme en témoignent par exemple les efforts gigantesques déployés pour diffuser les manuels de lecture. La gratuité totale de la scolarité établie par la loi du 16 juin 1881 permet, au fil des décennies, d'accorder les mêmes livres aux enfants d'une même école, indépendamment de l'état des finances communales ou de la situation sociale des parents. Auparavant, la scolarité était payante, et les communes devaient seules assurer celle des enfants indigents.

Cette grande générosité n'est toutefois point innocente. Car pour la République, bien plus que pour la monarchie de Juillet, l'enseignement de la lecture est une priorité politique absolue : apprendre à lire, c'est former l'éducation des masses, et donc jeter les bases d'une « opinion publique ». C'est aussi faciliter l'émancipation de l'individu et donc éveiller son libre arbitre. Pour asseoir la République, il faut des électeurs éclairés, et pour avoir des électeurs éclairés, il faut des lecteurs avisés...

Comme la lecture, l'écriture affranchit. Et elle impose en classe son propre rituel. L'exercice rébarbatif des pleins et déliés, des boucles et bâtons, inculque l'application au travail. La dictée bi-hebdomadaire s'appuie quant à elle sur un « texte choisi » à la morale sentencieuse, qui ajoute de nouveaux mots au vocabulaire de l'élève, et lui fait explorer les difficultés grammaticales. Écrire juste et bien, c'est savoir s'exprimer, c'est donc aussi pouvoir s'émanciper...

L'enseignement du calcul revêt pour la République la même fonction utilitaire. Il s'agit bien sûr de transmettre les connaissances indispensables aux futurs paysans, commerçants ou artisans pour travailler, mais il convient aussi d'en faire de bons et vertueux épargnants, censés augmenter, au prix de sacrifices incessants, le patrimoine des générations suivantes, et construire ainsi la richesse du pays tout entier.

Lire, écrire, compter, là réside le mystère de la trinité scolaire : l'épanouissement individuel participe au rayonnement de la France... et à la pérennité de la République.

ALLÉGORIE LAÏQUE

Quand l'allégorie rejoint la propagande... Ce tableau émouvant célèbre, à mots couverts, la grande victoire de l'école laïque, gratuite et obligatoire. Le soir, à la veillée, l'écolière lit le journal à sa grand-mère : la transmission des connaissances n'est plus l'exclusivité des aînés. Le savoir repose désormais sur un échange spontané entre les générations.

L'heure de la lecture

Suivez la baguette...

Après le tableau de lecture, Sermet écrivait le résumé de morale des cours moyen et supérieur sur le tableau principal. La classe commençait par une causerie que tous écoutaient les bras croisés. Pendant que les grands copiaient le résumé, les marmots venaient se rassembler pour la lecture.

Le maître retournait le tableau et on relisait d'abord la leçon de la veille. « Attention, tous ensemble, suivez la baguette... Maintenant, à toi tout seul, Bernard Coulomiès, à toi, Marie Faure, à toi, Georges Sentenac... » Certains lisaient d'une coulée, sachant le texte par cœur depuis la veille, d'autres trébuchaient misérablement et les bouches s'ouvraient pour leur venir en aide. « Défense de souffler ! » Les bras se levaient.

La baguette abandonnait la syllabe difficile et reprenait plus haut. À leurs bancs, les grands entre deux phrases suivaient l'opération avec des sourires condescendants ou apitoyés.

SOURCE : Pierre Gamarra, *Le Maître d'école*. Gallimard, 1994.

MÉTHODES CONCURRENTES ET CONVERGENTES

Pour rompre avec les méthodes d'épellation trop empiriques qui étaient en vigueur sous l'ancien régime, l'école laïque entend promouvoir des méthodes analytiques que les maisons d'édition diffusent à profusion avec un certain goût de la concurrence. Méthode Cuissart, « nouvelle lecture rationnelle », méthode phonomimique, cytologie convergent toutes sur un effort de systématisation : attribuer à chaque objet un mot, donner à chaque mot un son et un sens.

LECTURE COURANTE ET PERFORMANTE

L'obligation scolaire, établie par la loi du 28 mars 1882, ne provoque pas aussitôt l'apparition d'une école dans chaque commune.
C'est juste avant la guerre 14-18 que le nombre d'écoles ouvertes et pourvues d'un instituteur atteint un niveau satisfaisant. Et c'est déjà à cette date que se mesurent les efforts accomplis contre l'illettrisme. En 1830, le nombre de conscrits illettrés dépasse les 55 %. En 1910, ce nombre n'atteint pas 5 %, un chiffre record qui n'est plus égalé aujourd'hui.
Ce résultat fulgurant est incontestablement à mettre à l'honneur de l'école primaire qui avait pour fonction essentielle d'apprendre à lire, à écrire et à compter.

Un moment très attendu...

L'heure de la lecture était très attendue. Que devenaient André et Julien Volden, les deux orphelins partis de Phalsbourg, de l'Alsace arrachée à la mère patrie ? Parviendront-ils à trouver un nouveau foyer ? De tout cœur, Jean-Marie les suivait, dans leur voyage aussi émouvant que merveilleux, à travers la France. Et que de découvertes glanées en cours de route qui éveillaient la curiosité et donnaient envie d'en savoir davantage ! N'en déplaise à certains pédagogues, ce souci de didactisme n'altérait en rien le plaisir de lire. Bien au contraire. Trop rares étaient les ouvrages de la bibliothèque patiemment constituée, avec de pauvres moyens, par l'instituteur.

SOURCE : Julien Dache, *Naissance et vie d'un instituteur sous la IIIe République*. La Charité, Delayance, 1989.

LECTURE ATTRAYANTE ET CAPTIVANTE

Caractères peu dissociables, texte peu aéré, chapitres-fleuves... les manuels scolaires de la première moitié du XIXe siècle se complaisent dans l'austérité. La lecture courante tient alors plutôt de la pénible litanie où une dialectique aride le dispute à un moralisme froid. Il faudra attendre Francinet *(1868) et* Le Tour de la France par deux enfants *(1877) pour voir surgir une véritable volonté didactique où le plaisir de lire est soutenu par des vignettes illustrées dont la force évocatrice marquera l'esprit de générations d'écoliers. Les gravures, qui apparaissent dans les manuels scolaires au cours des années 1870, deviennent un support pédagogique à part entière qui cultive chez l'enfant le sens de l'observation et le pouvoir de l'imagination.*

QUAND LA RÉPUBLIQUE INVESTIT DANS LE LIVRE

La République investit aussi sans ménagements dans la qualité pédagogique. Le marché de l'édition scolaire, déjà soutenu par l'initiative de Guizot harmonisant le contenu des matières élémentaires, se diversifie grâce à Jules Ferry qui s'entoure des meilleurs pédagogues français pour faire de chaque écolier un futur citoyen.

REVU ET CORRIGÉ...
FAÇON LAÏQUE.

Après le vote définitif de la loi de séparation des Églises et de l'État, le 9 décembre 1905, Le Tour de la France par deux enfants *est épuré de toute trace religieuse et cléricale : saint Bernard, saint Vincent de Paul, Bossuet et Fénelon ne sont plus mentionnés, et Notre-Dame de Paris n'est plus représentée.*

« La clé d'un magique empire »

Enfant, bon espoir, bon courage,
Surmonte les premiers dégoûts.
Ce n'est qu'au terme du voyage
Qu'on goûte les fruits les plus doux.

Le maître qui t'enseigne à lire
Met dans tes mains une clé d'or.
C'est la clé d'un magique empire
Que ta jeune âme ignore encor.

Apprends ce que c'est qu'un bon [livre :
Un ami qui nous aide à vivre,
Un consolateur dans nos maux ;

Un conseiller tendre et sévère,
Qui nous dicte le bien à faire.
Enfant, épelle bien les mots.

H. DURAND.

SOURCE : D. BONNEHON, A. SURIER, *Recueil méthodique de morceaux de récitation.* Librairie H. Le Soudier, 1900.

LE TOUR DE LA FRANCE PAR DEUX ENFANTS : UN HYMNE À L'UNITÉ NATIONALE

Pour avoir traversé le siècle, et éduqué plusieurs générations, Le Tour de la France par deux enfants *est assurément le livre-culte de l'école de la République.*
Ce manuel à tout faire et à tout apprendre, écrit par Mme Augustine Fouillée sous le

pseudonyme de G. Bruno – en référence à Giordano Bruno, hérétique brûlé par l'Église en 1600 –, prolonge l'enseignement de la géographie en le soutenant d'une dimension morale : deux orphelins, André et Julien, partis de Phalsbourg en Lorraine devenue allemande, parcourent les provinces de France, à la recherche de leur oncle. Ce manuel de lecture courante, paru en 1877 aux éditions Belin, franchit le seuil des six millions d'exemplaires vendus en 1901, et connaîtra quatre cent onze éditions de 1877 à 1960.
Cent ans durant, ce livre a diffusé dans tous les foyers les caractères dominants de l'enseignement républicain : une morale laïque inspirée des solides valeurs bourgeoises que sont l'ordre, le sens du devoir, l'épargne, la stricte soumission aux hiérarchies sociales « naturelles » et surtout le goût du travail consciencieux.
La France que parcourent André et Julien est bien celle que la République entend forger grâce à l'école laïque : l'unité nationale passe par la sacralisation de l'identité française.

Pages d'écriture

« Le temps consacré aux exercices d'écriture proprement dite sera d'une heure au moins par jour dans le cours élémentaire et se réduira graduellement, à mesure que les divers devoirs dictés ou rédigés pourront en tenir lieu. »

Article 19 V de l'arrêté organique du 18 janvier 1887.

Le grincement des plumes

La leçon finie, on passa à l'écriture. Pour ce jour-là, M. Hamel nous avait préparé des exemples tout neufs, sur lesquels était écrit en belle ronde : France, Alsace, France, Alsace. Cela faisait comme des petits drapeaux qui flottaient tout autour de la classe, pendus à la tringle de nos pupitres. Il fallait voir comme chacun s'appliquait, et quel silence ! On n'entendait rien que le grincement des plumes sur le papier.

SOURCE : Alphonse Daudet, *Contes du lundi* « La dernière classe. »

La grande affaire

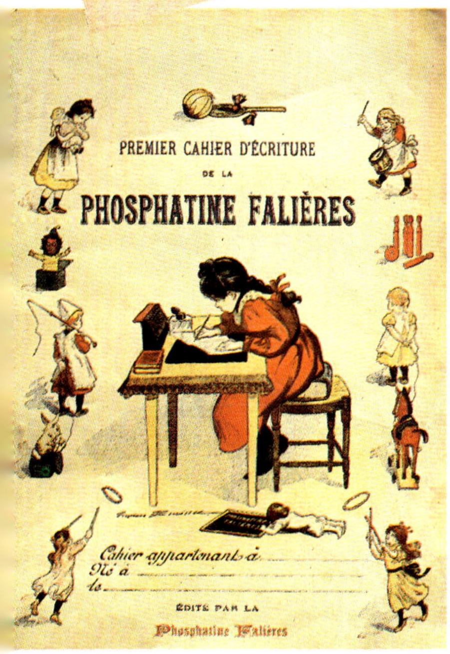

La grande affaire, c'était l'écriture. Le moment venu d'écrire une page, je portais sur la table de « notre maître » ma planche, qui avait servi avant moi à mon père et à ma grand-mère. Je regrette bien de ne pas savoir ce qu'elle est devenue ; sur elle, j'écrirais aujourd'hui mes souvenirs.
Le maître prenait sa règle et son crayon et dessinait une ligne horizontale qui divisait la page en deux, la partie du haut était pour écrire en gros, et l'autre, pour écrire en fin. Dans le haut, les lignes s'accouplaient deux par deux, l'intervalle devant être rempli par des grandes lettres. Mais le maître ne traçait pas les lignes de bout en bout ; il les interrompait de manière à nous forcer à écrire sans appui. Lorsque je le voyais multiplier les lignes courtes, je m'inquiétais des prochaines difficultés de ma page.

SOURCE : Ernest Lavisse, *Souvenirs*.

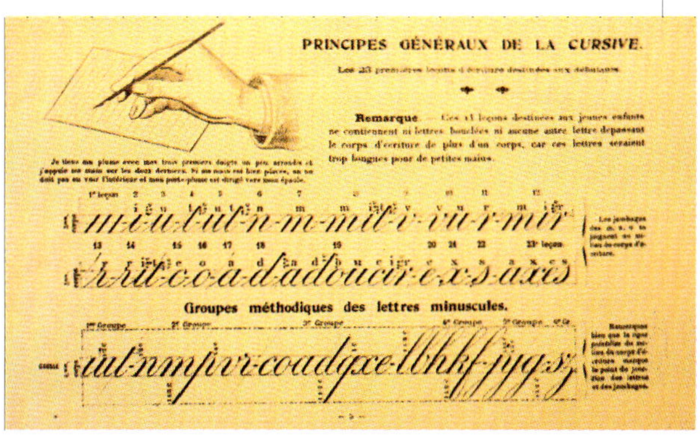

DES PRIORITÉS JAMAIS OUBLIÉES

« Lire, écrire, compter, voilà ce qu'il faut apprendre : quant au reste, cela est superflu. » Cette exhortation, que Thiers lance en 1848 dans son livre De la propriété, *n'est pas vouée à l'oubli puisque la IIIe République reprend à son compte les priorités pédagogiques affichées quarante ans auparavant par Guizot.*
La loi du 28 juin 1833 énumérait déjà les connaissances élémentaires à enseigner : « l'instruction morale et religieuse, la lecture, l'écriture, les éléments de la langue française et de calcul, le système légal des poids et mesures ».
La IIIe République a le génie de rationaliser ce que la monarchie de Juillet a initié. Jules Ferry a réussi ce que Guizot n'a pu parachever.

« . . . L'encre est gelée ! »

Voici maintenant l'heure de la séance d'écriture pour le cours élémentaire. « Monsieur, monsieur, s'écrie Mélanie Gazagne, l'encre est gelée ! » C'est vrai, je dois me rendre à l'évidence ; cela ne facilitera pas ma tâche aujourd'hui, mais l'essentiel est de se tirer tout de même d'affaire. Je modifie donc les occupations en tenant compte de cette nouvelle difficulté.

Il faudra attendre jusqu'à dix heures pour que la température devienne suffisante dans la classe. Peu à peu, le givre des vitres s'efface et, en rentrant après la récréation, nous pouvons reprendre les travaux écrits.

SOURCE : Marcel Boyer, *Éveilleur d'âmes. La première classe d'un instituteur de campagne*. Les Éditions de Paris, 1995.

DES CAHIERS POUR ÉCRIRE

Cahier du jour, ou « cahier de devoirs journaliers » ; cahier de verbes, pour les conjugaisons ; cahier du soir, pour les devoirs à la maison ; cahier de roulement, tenu à tour de rôle par les élèves pour consigner les traces écrites du travail collectif ; cahier mensuel, appartenant à chaque écolier pour témoigner de la valeur de son travail... Les cahiers, le plus souvent fournis par la commune, se spécialisent peu à peu à raison des fonctions pédagogiques qui lui sont attribuées.
Ils s'imposent à la fin du XIXe siècle comme le complément indispensable du livre, si bien que leur usage est codifié par l'article 15 de l'arrêté organique sur l'enseignement primaire du 18 janvier 1887 : « Chaque élève, à son entrée à l'école, recevra un cahier spécial qu'il devra conserver pendant toute la durée de sa scolarité. Le premier devoir de chaque mois, dans chaque ordre d'études, sera fait sur ce cahier par l'élève, en classe et sans secours étranger, de telle sorte que l'ensemble de ces devoirs permette de suivre la série des exercices et d'apprécier le progrès de l'élève d'année en année. Ce cahier restera déposé à l'école. »

Mauvaise plume

– Papa, ma plume ne vaut rien !
– Voyons, ma petite mignonne !...
Mais cette plume écrit très bien.
– Moi, je ne la trouve pas bonne.
Les becs sont écartés,
Elle fait des pâtés.
– Sais-tu pourquoi, chérie ?
– Dis-le-moi, je t'en prie.
– C'est que les paresseux
Ne trouvent pas d'outil assez bien fait pour eux.

SOURCE : Franchy, *À l'école et en famille*. Furne.

8 GRAMMAIRE ENFANTINE.

LE NOM

Le *nom* est un mot qui sert à *nommer* une personne, un animal ou une chose.

Ainsi, *soldat*, qui désigne une personne; *lion*, qui désigne un animal; *drapeau*, qui désigne une chose, sont des noms.

Soldat. *Nom de personne.* Lion. *Nom d'animal.* Drapeau. *Nom de chose.*

Questionnaire. — Qu'est-ce que le nom? — Nommez trois noms de personnes. — Trois noms d'animaux. — Trois noms de choses.

Exercice 7. — *Dites si les noms suivants désignent une personne, un animal ou une chose :*

Maman. Maison. Cheval. Fusil. Paul. Chat. Ruban. Père. Jeanne. Château. Frère. Tigre. Nuage. Caporal, Rat.

Modèle du devoir : Maman, nom de personne.

Exercice 8. — *Même exercice que le précédent.*

Poupée. Grand-père. Panier. Coq. Oncle. Rossignol. Jean. Voiture. Cousine. Chien. Tante. Moulin. Éléphant. Coquelicot. Marie. Parrain. Lièvre. Jardin. Garçon. Bague.

Modèle du devoir : Poupée, nom de chose

Conjuguez le Passé indéfini et le Futur du verbe avoir (v. page 70).

Les jambages en zigzags

Vers l'âge de dix ans, mes parents songèrent à m'envoyer à l'école. On m'acheta un grand carton qu'on m'attacha en bandoulière par un lacet ; on y mit deux plumes, une main de papier, un encrier de basane, un abécédaire, puis on me conduisit à la classe de M. Saurin…

Il faut avouer que j'y tins d'abord le haut bout sur le banc des incurables… C'était le nom que M. Saurin donnait aux paresseux les plus invétérés. La vie que j'avais menée jusqu'alors me rendait insupportable l'immobilité forcée. J'avais dans les jambes des impatiences de courir que je cherchais à apaiser par des coups de pied donnés à droite et à gauche, ou par des sauts de carpe qui changeaient en zigzags les jambages qu'écrivaient mes voisins, et faisaient jaillir l'encre des écritoires jusqu'aux beaux exemples de M. Saurin… Aussi toute la première année se passa sans que je pusse mordre à la lecture ou à l'écriture.

SOURCE : ÉMILE SOUVESTRE, *Confessions d'un ouvrier.*

RÉDACTION D'APRÈS L'IMAGE

Les ruches du père Mathieu. (*Racontez cette histoire.*)

1. « Vous savez, mes petits voisins, dit le père Mathieu, n'allez pas taquiner les abeilles! » — 2. « Il est parti, allons; c'est si bon le miel! » — 3. « Au secours! » crient Marcel et Charles. — 4. « Ah! mon Dieu! Qu'avez-vous donc? » disent le père et la mère.

LA PÉDAGOGIE, ART DE LA RÉPÉTITION

À chaque niveau d'enseignement – élémentaire, moyen et supérieur – les mêmes programmes sont repris, et chaque année approfondis. Cette répétition s'avère d'autant plus indispensable que la fréquentation scolaire est encore irrégulière. L'acquisition individuelle des contenus, plutôt que le respect formel des programmes, demeure l'objectif primordial. Car ce qui n'a pas été appris à l'école ne pourra jamais l'être ailleurs.
Cette pédagogie de la répétition, soutenue par une progression très dosée, enseigne donc non pas tout ce qu'il est possible d'assimiler mais – d'après les termes des instructions de 1887 – « ce qu'il n'est pas permis d'ignorer ».

À gauche, en haut :

BIJOU, CAILLOU, CHOU, GENOU…

Cette célèbre litanie, instituée par la grammaire de Claude Augé, a initié plusieurs générations de Français aux subtilités de l'orthographe. Le tableau consacré au nom apporte quant à lui sa contribution à l'instruction civique. Le soldat et le drapeau côtoient le lion. Le choix de ces exemples illustratifs n'est pas anodin : la guerre et le patriotisme sont des « valeurs respectueuses » qui n'ont alors rien de suspect !

Calcul utile et subtil

« Grâce à la bonne arithmétique, nous calculons combien de liards paiera la horde germanique pour nous rendre nos milliards. »

CLAUDE AUGÉ.

Tourments

Chez nos maîtres, nous lisions ; nous faisions des petits calculs ; la table de multiplication nous attristait, surtout quand intervenait le chiffre 9 : 6 fois 9 me donnait des tourments, que renouvelait 9 fois 6.

SOURCE : ERNEST LAVISSE, *Souvenirs.*

Épreuve écrite

On a ensemencé une prairie en luzerne à raison de 35 décagrammes de graines par are, et l'on a dépensé 48,60 F. Quelle est la superficie de la prairie, sachant que le quintal de graines de luzerne vaut 138 F ?

SOURCE : COUDERT, CUIR, *Mémento pratique du certificat d'études primaires.* Armand Colin, nouvelle édition, 1895.

FACE AUX RÉALITÉS DE LA VIE

Les redoutables problèmes d'arithmétique reflètent concrètement les contingences quotidiennes de l'époque : les calculs de pourcentages sont aussi indispensables pour la gestion d'une ferme que la maîtrise de l'arpentage ; de même l'artisan ou le commerçant du village doivent être capables de calculer leur bénéfice. Pour transmettre ce savoir pratique, les manuels scolaires du début du siècle ne sacrifient rien de la clarté pédagogique. Les premiers nombres sont étudiés un par un. Ils sont surtout illustrés à partir d'exemples éloquents de la vie quotidienne, comme tient à le préciser l'éditeur F. Nathan en introduction du Cours pratique d'arithmétique *de Minet et Patin : « Tous les problèmes proposés ont trait aux choses usuelles, aux réalités de la vie ; ils présentent des actions, des faits se produisant dans le milieu où vivent nos écoliers [...]. »*

Devx et Devx font
Quatre

SYSTÈME MÉTRIQUE, MESURES UNIQUES

Établi par un décret de la Convention en date du 18 germinal an III (7 avril 1795), imposé seulement en France à partir du 1er janvier 1840, le système métrique est rigoureusement enseigné dans les écoles pour combattre « l'obscurantisme » des campagnes où, en 1900, on pratique encore les boisselées (de surface) et les cordes (de bois).

MÉTHODE PRATIQUE DE CALCUL

A L'USAGE DES ÉCOLES PRIMAIRES ET DES CLASSES ÉLÉMENTAIRES

PAR E. TONNEAU

Chef d'Institution

N° 2

Ces cahiers comprennent :

Le n° 1, la Lecture et l'Écriture des nombres entiers ;
— 2, l'Addition, exercices d'application ;
— 3, la Soustraction, *idem* ;
— 4, la Multiplication, *idem* ;
— 5, la Division, *idem* ;
— 6, des problèmes d'application sur les quatre Règles ;
— 7, les Fractions décimales ;
— 8, les Fractions ordinaires ;
— 9, le Système métrique, et de nombreux exercices et Problèmes d'application ;
— 10, Règles de trois, de partage, de société, d'escompte, d'intérêt, etc.

GEDALGE, LIBRAIRE-ÉDITEUR

75, RUE DES SAINTS-PÈRES, PARIS

Démonstration au tableau

On a l'air d'établir qu'être fort en mathématiques, c'est bon pour ceux qui n'ont rien là.

Est-ce qu'à Rome, à Athènes, à Sparte, il est question de chiffres, une minute ! Justement, je n'aime pas faire des soustractions avec des zéros, et je ne comprends rien à la preuve de la division, rien, rien !

Mon père en rit, le professeur de lettres aussi. Je suis toujours dans les six derniers. Mais un beau jour, une nouvelle se répand. Grand étonnement. Rumeur dans la cour, sous les arcades.

J'ai été premier en géométrie. Le professeur de lettres me fait un peu la mine. Suis-je un volcan – ou n'en suis-je pas un ?...

Le coup est tellement inattendu qu'on se demande si je n'ai pas copié, truqué, et l'on

Épreuve orale

Un maquignon achète 6 vaches et 5 chevaux pour 9 600 F. Quel est le prix d'une vache et celui d'un cheval, les chevaux coûtant deux fois plus cher que les vaches ?

SOURCE : Coudert, Cuir, *Mémento pratique du certificat d'études primaires.* Armand Colin, nouvelle édition, 1895.

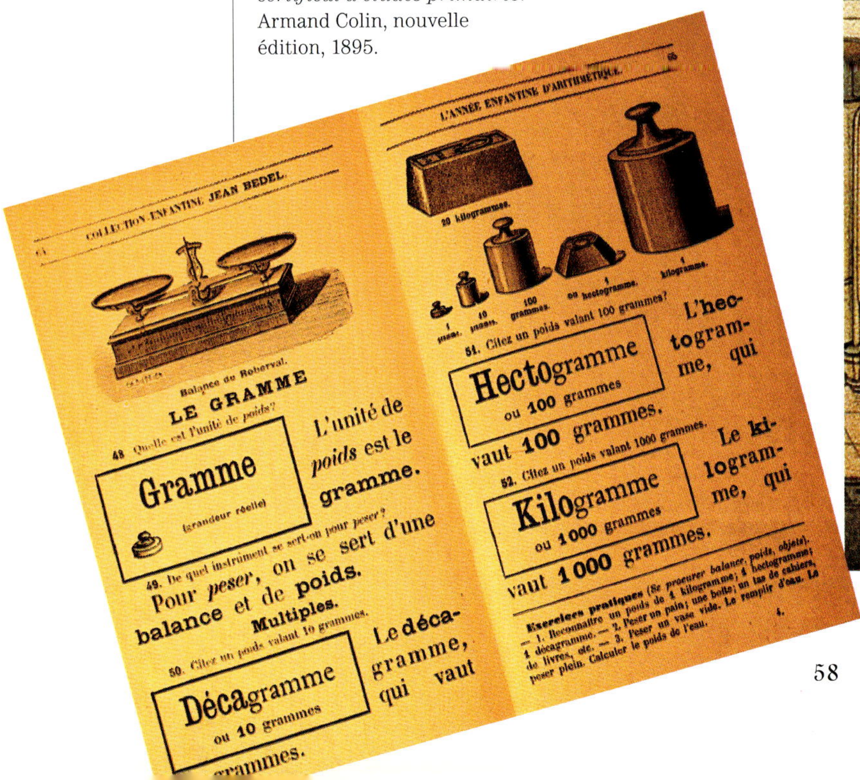

COLLECTION ENFANTINE JEAN BEDEL.

Balance de Roberval.

LE GRAMME

48. Quelle est l'unité de poids ?

Gramme (grandeur réelle)

L'unité de *poids* est le **gramme.**

49. De quel instrument se sert-on pour peser ?

Pour *peser*, on se sert d'une **balance** et de **poids.**

Multiples.

50. Citez un poids valant 10 grammes.

Décagramme ou 10 grammes

Le **déca-gramme**, qui vaut grammes.

L'ANNÉE ENFANTINE D'ARITHMÉTIQUE.

20 kilogrammes. 1 gramme. 10 grammes. 100 grammes. ou hectogramme. 1 kilogramme.

51. Citez un poids valant 100 grammes ?

Hectogramme ou 100 grammes

L'**hec-to**gram-me, qui vaut **100** grammes.

52. Citez un poids valant 1000 grammes.

Kilogramme ou 1000 grammes

Le **ki-lo**gram-me, qui vaut **1 000** grammes.

Exercices pratiques (*Se procurer balance, poids, objets*). — 1. Reconnaître un poids de 1 kilogramme ; 1 hectogramme ; 1 décagramme. — 2. Peser un pain ; une boîte ; un tas de cahiers, de livres, etc. — 3. Peser un vase vide. Le remplir d'eau. Le peser plein. Calculer le poids de l'eau.

m'appelle au tableau pour voir si je m'en tirerai la craie à la main.

Je m'en tire, et j'ajoute même à la leçon. Je me tourne vers mes camarades et je leur explique le problème en faisant des gestes, en prenant des livres, en ramassant des bouts de bois ; je roule des cornets, je bâtis des figures et je ne m'arrête que quand le professeur me dit d'un air blessé : « Est-ce que vous avez bientôt fini votre manège ? Est-ce vous qui faites le cours, ou moi ? »

Je remonte à ma place au milieu d'un murmure d'admiration.

SOURCE : Jules Vallès, *L'Enfant.*

Épreuves écrites

On a acheté du blé à 3 F le double décalitre et de l'orge à 0,90 F le décalitre. On mélange 85 hectolitres de blé et 42 hectolitres d'orge. On veut faire un bénéfice de 18 %. Combien doit-on revendre le double décalitre du mélange ?

SOURCE : Coudert, Cuir, *Mémento pratique du certificat d'études primaires.* Armand Colin, nouvelle édition, 1895.

Un cheval mange 3,5 kilos de foin par jour et 5 litres d'avoine ; l'avoine pèse 65 kilos l'hectolitre. Combien 250 chevaux nécessaires à un escadron consommeront-ils en trois semaines de « rottels » de foin et d'avoine ? Le rottel est un poids de 500 grammes usité dans le pays des Kroumirs.

SOURCE : Coudert, Cuir, *Mémento pratique du certificat d'études primaires.* Armand Colin, nouvelle édition, 1895.

la Ferme
Animaux domestiques et animaux sauvages

Comprendre, découvrir et observer

« Les sciences peuvent seules enseigner la non-crédulité sans enseigner le scepticisme, ce suicide de la raison. »

PAUL BERT.

Comprendre, découvrir et observer... L'école laïque s'acquitte là, une fois encore, d'une mission tout autant idéologique que pédagogique. Elle veut en effet soustraire l'enfant à l'influence de l'Église, et le placer en harmonie avec le siècle nouveau. Car les grandes découvertes de la science montrent le chemin du progrès, et le progrès ouvre la voie du bonheur. De ce bonheur, le bagage scientifique est la clé : l'écolier deviendra un citoyen épanoui, averti, s'il se donne la peine de comprendre, de découvrir et d'observer... Sa curiosité l'aidera tout naturellement à vaincre la crédulité et l'ignorance, ces deux complices héréditaires de l'obscurantisme contre la République.

L'enjeu politique est inséparable, il est vrai, du rationalisme intégriste dans lequel baignent les pères fondateurs de l'école laïque : la science doit suffire à lever tous les problèmes philosophiques. Seules la science et l'instruction sont capables d'abattre les superstitions religieuses qui font obstacle à la raison, et donc aux progrès de l'humanité.

L'enseignement des sciences devient à l'école un acte de foi, et la leçon de choses offre, entre le maître et l'élève, un passage de sentiments qui se joue en trois actes :

– L'instituteur doit tout d'abord éveiller – et émerveiller – l'enfant aux spectacles de la nature, de même qu'aux vertus de l'agriculture, exode rural oblige.

– Il doit aussi, comme le prescrit G. Bruno dans *Le Tour d'Europe pendant la guerre*, le « mettre en garde contre le très grand et très honteux péril qui atteint notre race : l'alcoolisme ». Récits édifiants, images terrifiantes, rien n'est assez fort pour dissuader, car « pour convaincre, il faut émouvoir ».

– L'instituteur doit enfin prévenir des dangers que crée le manque d'hygiène, des poux aux ravages de la tuberculose.

Investi de ce rôle social que lui dictent la santé et le salut de la France, le maître d'école n'est plus seulement un précepteur. Il devient le prédicateur d'une « religion laïque révélée » : transmettre la connaissance et instruire la conscience, sans laquelle bien sûr la science ne serait que ruine de l'âme...

LES SCIENCES DE LA NATURE

Au terme des instructions ministérielles du 4 janvier 1897 et du 2 mai 1898, « le programme des sciences physiques et naturelles et le programme d'agriculture doivent se pénétrer intimement ».

Nature et culture

Ne touchez pas aux nids

Je me souviens qu'un jour, dans mon enfance, étant à la promenade avec mes camarades du collège de Sens, nous entrâmes tous dans un bois pour y chercher des nids d'oiseaux.

C'était une grande joie pour les collégiens ; chacun se jetait dans les petits sentiers, dans les taillis, dans les fourrés, et fouillait du regard les branches et le feuillage. Dès qu'il avait découvert un nid, il s'avançait sans bruit ou grimpait lestement, et parfois il mettait la main sur toute la couvée.

Jamais je n'avais encore déniché un seul œuf ni un seul petit, et mes camarades se moquaient de ma maladresse.

Tout à coup, sur une branche d'un petit chêne, à trois pieds de terre, j'aperçois un beau nid de merle.

Tout heureux, j'approche sans bruit, le cou et la main tendus en avant. La mère

LES PETITS MYSTÈRES

Que deviennent les oiseaux morts ?

(Question posée dans le numéro 216)

Ce n'est pas d'hier qu'on cherche une réponse à ce point d'interrogation. Qui, en effet, peut se vanter d'avoir rencontré dans ses promenades le cadavre, que dis-je, le squelette d'un passereau ? Ce serait à croire qu'il ne meurt pas, qu'il se fond dans l'espace, se volatilise.

Dans un livre admirable, *la Nature chez elle*, Théophile Gautier a le premier posé la question aux savants : « Que deviennent les pierrots morts ? »

Qu'on ne croie pas cependant que le moineau se dissipe comme un flocon dans l'indigo profond de l'azur immense.

Ainsi que la plupart des animaux, quand les petits oiseaux sentent venir leur dernière heure, ils vont mourir dans un coin solitaire, creux d'arbre ou trou de muraille ; mais tous ne meurent pas de leur belle mort, guettés qu'ils sont perpétuellement par les chats, les rats, les fouines, les émouchets, les éperviers, et le plus féroce des animaux, qui est l'homme.

Heureux donc les petits oiseaux qui, devenus vieux, les ailes basses, s'ensevelissent eux-mêmes sans trop regretter l'azur du ciel et les parties de cache-cache dans les haies fleuries d'aubépine !...

Il n'y a pas encore longtemps qu'il fut question de classer le pauvre pierrot parmi les animaux nuisibles et de le proscrire des rues de Paris, les maraîchers suburbains se plaignant des dégâts par lui causés à leurs cultures. L'alerte fut vive dans le camp des pierrots, qui voyaient déjà des milliers de fusils braqués contre eux ; des fusils, et qui sait ? peut-être aussi les canons du Mont-Valérien.

Et maintenant qui nous dira pourquoi on les appelle plus communément moineaux ? Les savants se taisent là-dessus.

ÉMILE MAISON.

SOUS LES YEUX DES ÉLÈVES

Parmi le matériel didactique de l'école républicaine, le tableau mural est un instrument privilégié de la « leçon de choses ». Il palliait à lui seul l'absence d'études sur le terrain – les classes promenades, et les herbiers – pratiquées seulement à partir des années trente.

La force évocatrice des images en couleur, à une époque où l'iconographie est assez rare dans l'univers familier de l'enfant, est d'autant plus efficace que le regard de l'écolier pouvait à tout moment musarder sur les panneaux pédagogiques décorant sa classe.

La « leçon de choses » avait avant tout pour vertu de soutenir et de rationaliser l'attention de l'enfant comme le prescrit l'arrêté du 28 janvier 1890 : « Les leçons de choses ayant pour objet de développer l'esprit d'observation de l'enfant et de l'exercer à exprimer le résultat de ses observations, le professeur fera, pour trouver la matière de ses leçons, un choix judicieux et restreint parmi les choses usuelles, les animaux et les plantes les plus familières à ses élèves. [...] Le professeur mettra, toutes les fois que cela sera possible, les objets sous les yeux des élèves [...]. »

me voit, m'attend et ne s'envole du nid que lorsque je touche déjà à l'arbre.

Il y avait trois œufs, et j'allais les prendre ; mais, en me retournant, je découvre la mère qui s'était perchée à peu de distance. Il me sembla qu'elle me suppliait en me regardant ; mon cœur me serra.

À ce moment, le signal du départ se fit entendre à l'entrée du bois. Je me décidai à m'éloigner, les mains vides, en disant à l'oiseau :

– Sois sans inquiétude, j'ai laissé tes œufs, tu retrouveras ta couvée.

Mes camarades avaient presque tous des nids. Ils se moquèrent de moi suivant leur habitude. Ils répétaient :

– Oh ! Oh ! nous savions bien qu'il ne trouverait rien. Il ne voit pas plus loin que le bout de son nez.

Je ne leur répondis pas, mais je me sentais tout heureux malgré leurs moqueries, et je ne racontai mon aventure qu'à ma bonne mère qui m'embrassa en pleurant de joie.

CHARTON.

SOURCE : E. DEVINAT, *Lectures élémentaires illustrées*. Delagrave, 1911.

On peut vivre heureux à la campagne

Ce que nous avons cherché à démontrer, c'est qu'on peut vivre heureux à la campagne ; que si la profession agricole exige un pénible labeur, elle conserve la santé, procure l'indépendance, amène quelquefois l'aisance, et que toujours elle donne des satisfactions et des jouissances qu'on ne rencontre nulle part ailleurs.

Si, parmi les enfants qui liront cet ouvrage, nous pouvons en détourner quelques-uns des fallacieux visages que leur présente l'existence des villes ; si les exemples, mis sous leurs yeux, parviennent à en retenir aux champs un certain nombre et les décident à cultiver cette terre que leur père et leur aïeul ont arrosée de leurs sueurs, nous nous déclarerons satisfaits, car nous estimerons avoir fait œuvre utile.

SOURCE : HENRY MARCHAND, *Tu seras agriculteur.* Armand Colin, 8e éd., 1899.

UN SAVOIR ENCYCLOPÉDIQUE

Dès l'âge de huit ans, l'écolier est simultanément initié à la physique, à la cosmographie, à la géologie, aux sciences naturelles, à l'hygiène, à l'agriculture, à la botanique...
L'arrêté de 1891 sur les épreuves du certificat d'études primaires accentue davantage cet encyclopédisme, auquel les éditeurs s'adaptent, à l'image de la série « De tout un peu » de J.-B. Tartière.

GLOIRE À PASTEUR !

« Vous avez tous entendu parler de ce jeune Alsacien, portant quatorze blessures de chien enragé, et qui fut guéri de la rage après avoir été vacciné par Pasteur. Aujourd'hui, l'Institut Pasteur "est un lieu de pèlerinage où les malheureux affluent de

toutes les parties du monde pour chercher le salut contre la rage". Gloire à Pasteur ! Gloire à ses disciples ! » Cette envolée lyrique de La Lecture du jour, *de Villain, Comtois et Loiret (Delagrave, 1913) restitue fidèlement le ton des manuels scolaires de l'époque : l'école de la République élève Pasteur au panthéon des saints laïcs...*

PAUL BERT, PRÉDICATEUR SCIENTIFIQUE

Docteur ès sciences et médecine, ministre de l'Instruction publique dans le « grand ministère » Gambetta en 1881, fervent défenseur de la loi Goblet du 30 octobre 1886, dite « charte de l'enseignement primaire », Paul Bert distille les « idées nouvelles » dans ses manuels scolaires avec un talent inégalé de la vulgarisation. Pédagogue expert, il concilie habilement leçons de choses et lecture courante, exploitant habilement la fascination qu'elles exercent sur les enfants.

Pas de polémique...

L'idée de la toute-puissance des lois naturelles, de la régularité et de l'harmonie des phénomènes, de la continuité évolutive dans les faits, ressort, sans qu'il soit besoin de le dire, de l'étude des sciences naturelles, et s'empare de l'esprit.

Plus de sorcellerie, plus de superstitions niaises, et cela, sans la moindre polémique [...]. C'est à établir cette rectitude de jugement chez les enfants que j'ai voulu contribuer par le présent livre.

SOURCE : Paul Bert, *La Deuxième Année d'enseignement scientifique*. Armand Colin, 20e éd., 1889.

Une savante démonstration

Voici deux couleurs distinctes, jaune et rouge. Impossible de les confondre. Nous les mettons aux deux extrémités d'une barre. Mais regardez entre elles ces différentes nuances. Celles de droite se rattachent au jaune, celles de gauche au rouge. Pas de difficultés pour celles qui sont voisines des deux bouts de la barre. Mais où classerez-vous la nuance que vous voyez au milieu et qui s'appelle l'orangé ? On pourra presque indifféremment la ranger d'un côté ou de l'autre, car elle tient également et du jaune et du rouge.

Eh bien ! il en est de même entre deux groupes voisins. Par exemple l'homme et le singe sont aisés à distinguer l'un de l'autre ; et pourtant parmi les hommes prenez les plus dégradés, les idiots, les crétins, qu'on trouve en certains pays de montagne ; parmi les singes, choisissez les plus intelligents, ceux qu'on appelle les gorilles ; il est certain que la distance n'est pas grande.

SOURCE : G. Renard, P. Martine, *Zigzags à travers les choses usuelles*. Librairie Fauvé et Nathan, 1882.

LA SCIENCE, VOILÀ LA SEULE VÉRITÉ...

Jean Macé, fondateur en 1866 de la Ligue française de l'enseignement, chroniqueur scientifique du journal pour enfants Le Magasin d'éducation et de récréation, *se dresse en apôtre du scientisme, contre l'influence tenace des écoles congréganistes, et avec le soutien remarqué des loges maçonniques : la science doit suffire à lever tous les problèmes philosophiques ; seules la science et l'instruction sont capables d'abattre les superstitions religieuses qui font obstacle à la raison, et donc aux progrès de l'humanité. Grâce à la découverte de Pasteur, l'école de la République scelle l'union sacrée du rationalisme et de l'humanisme.*

FIG. 84. — **En cherchant le remède de la maladie des vers à soie, Pasteur a découvert le microbe du *charbon*. Les bouillons de culture dont il se servait, l'ont, de même, conduit à la guérison de la rage.**

DES RÉCITS IMPRESSIONNANTS

Violence conjugale, enfants maltraités, crises de folie. L'alcool apporte le malheur au foyer. Par le texte et par l'image, les manuels scolaires rivalisent de réalisme pour communiquer la peur, et prévenir ainsi du danger.

DES CHIFFRES ACCABLANTS

À grand renfort de statistiques comparatives, les manuels scolaires stigmatisent la progression de l'alcoolisme en France, et se plaisent à souligner la rivalité franco-allemande dans ce triste palmarès. La démonstration est néanmoins consciente de ses limites, comme le concède le docteur Galtier-Boissière dans son ouvrage L'Antialcoolisme en histoires vraies *(Larousse) : « En 1900 on avait bu en France près de six cents millions de litres d'eau-de-vie. Encore convient-il de dire que ce chiffre est plutôt inférieur à la réalité, car la quantité d'alcool retirée par les bouilleurs de cru de leur récolte (vin, cidre, fruits) n'a pu être estimée que d'une façon très approximative, cet alcool ne payant aucun droit. »*

Intempérance et sobriété

« L'ivresse rend furieux dans les pays chauds et stupide dans les pays froids. »

J. Dutilleuil, A. Rame, *La Lecture hebdomadaire.* Librairie André fils.

Être ou ne pas être un homme

Bientôt vous quitterez l'école pour l'atelier, le magasin, le bureau ou le travail des champs, vous ferez connaissance avec de nouveaux camarades, et peut-être s'en trouvera-t-il, parmi eux, qui entrouvriront pour vous la porte du cabaret.

On se laisse facilement entraîner quand on n'est pas suffisamment préparé à la résistance.

Alors le moment sera venu de vous souvenir des leçons de l'école. [...]

Si vous redoutez les railleries de vos compagnons qui vous reprochent de « ne pas être des hommes », souvenez-vous que celui-là seul est un homme qui a conscience de sa dignité et qui sait vouloir la conserver, en agissant toujours d'une manière raisonnable et libre.

C'est à vous de vouloir, toujours et partout, rester des hommes.

SOURCE : V. Martel, R. Hubert, *Leçons et devoirs d'enseignement antialcoolique.* Garnier frères, s. d.

STATISTIQUE 89

Le chiffre indiqué sur la dame-jeanne portée par chaque
sente la consommation annuelle moyenne, en litres, par ha
en 1901. La charge de la France était la plus légère il y a
en 1900 elle était la plus lourde ; en 1901 l'Allemagne a

II. — CONSOMMATION DE L'ABSI
ET DES LIQUEURS
FAUSSEMENT APPELÉES APÉRITIVES E

La consommation des liqueurs et des
que décuplé pendant les dix dernières
Pour l'absinthe, la plus dangereuse
sons distillées, nous avons peu d'imi
la triste constatation suivante : « L
d'absinthe bus dans les pays étrange
au nombre des Français qui y habit

LA MORALE PAR L'IMAGE 67

III

Devoirs envers le corps — Tempérance

Quand il travaille, son salaire,
Il le boit dans un seul repas. (O. AUBERT.)

... Sa main tremble,
Et ses membres sont harassés.

Les boissons alcooliques sont surtout funestes aux enfants. Poussés par l'exemple, ils éprouvent d'abord quelque répugnance, ils triomphent bientôt de la première répulsion, prennent goût aux liqueurs fortes et contractent plus tard la dégradante habitude de l'ivresse.

Les enfants sacrifiés

Les conséquences des excès de boissons enivrantes ne se bornent pas à frapper les ivrognes, mais frappent aussi les enfants.

À la première génération, apparaissent l'immoralité, la dépravation, les excès alcooliques et l'abrutissement moral.

À la deuxième génération, apparaissent l'ivrognerie héréditaire, les accès furieux, et la paralysie générale.

À la troisième génération, apparaissent les tendances hypocondriaques, la lypémanie, c'est-à-dire la tristesse et la mélancolie, enfin les tendances homicides.

À la quatrième génération apparaît la dégénération complète; l'enfant naît imbécile ou idiot, ou le devient à l'adolescence.

L'ivrogne ne s'empoisonne et ne se tue pas seulement lui-même, mais il empoisonne et tue les malheureux enfants qu'il met au monde. Sur cent enfants idiots, quarante-huit proviennent de pères ivrognes.

HENRI MARTEL.

SOURCE : JULES STEEG, *Les Dangers de l'alcoolisme.* Nathan, 1896.

Influence déprimante de l'alcool sur le travail scolaire

Nos jeunes lecteurs connaissent tous, au moins de réputation, le Volumé, *cette publication si appréciée des instituteurs et des institutrices. Le numéro du 15 avril de cette revue contenait, sous la signature de M. Marillier, un professeur du Lycée Condorcet, des documents extrêmement curieux sur l'influence déprimante de l'alcool. Nous les reproduisons et nous avons eu la pensée, en outre, de les traduire aux yeux et d'en préciser la signification par l'image ci-dessous. Cette image symbolique, où chaque enfant tient une palme d'une main et un verre de bière de l'autre, nous montre la palme, c'est-à-dire la valeur intellectuelle et morale, diminuant à mesure que grandit le verre, c'est-à-dire la consommation de l'alcool.*

Les campagnes faites partout contre l'alcoolisme ont montré les ravages causés par l'alcool dans l'organisme humain : estomac, cœur, foie, cerveau, tout en pâtit.

Dans une revue allemande, la *Gartenlaube*, un médecin spécialiste des maladies nerveuses, le Docteur Hoppe, écrit sur l'influence déprimante de l'alcool sur l'intelligence. Il reproduit dans son travail une étude faite pour un directeur d'école de Vienne, le docteur Bayer. L'observation porte sur 501 élèves, filles et garçons, fréquentant l'école dont le docteur Bayer a la direction.

D'après ces chiffres, le nombre des élèves avec la note *Bien* descend de 41 % à 0 % quand la bière, boisson alcoolique, est prise à tous les repas. Ceux qui travaillent avec la note *Suffisant*, c'est-à-dire la moitié de l'effectif, se trouvent réduits au tiers de l'effectif quand la bière est prise aux trois repas. Enfin, le nombre des *Insuffisants*, d'abord de 9 %, ce qui indique un bon établissement, s'élève aux deux tiers de l'effectif quand l'usage de la bière a lieu trois fois par jour.

Cette petite statistique montre l'influence déprimante de l'alcool sur le système nerveux, et vient à l'appui des antialcoolistes.

UN TON CONDESCENDANT

Le vice individuel de l'alcoolisme, en se propageant dans la classe ouvrière, devient rapidement péril national, surtout pour la compétitivité de notre économie : « Une des forces de l'industrie française est le goût personnel de nos ouvriers; si l'alcoolisme leur enlève cette qualité, la victoire de nos concurrents étrangers, qui déjà produisent à meilleur marché que nous, sera définitive. » (Cf. Pr Galtier-Boissière, L'Antialcoolisme en histoires vraies. *Larousse.)*

Une hygiène de bon sens

« On peut réparer toutes les ruines, sauf celles de la santé. »

J. Dutilleuil, A. Rame, *La Lecture hebdomadaire.* Librairie André fils.

ATTENTION DANGER

Pour prévenir la tuberculose, l'hygiène doit bannir les mauvais réflexes. Cette astucieuse vignette rappelle aux écoliers que la salive est un vecteur pervers du bacille de Koch.

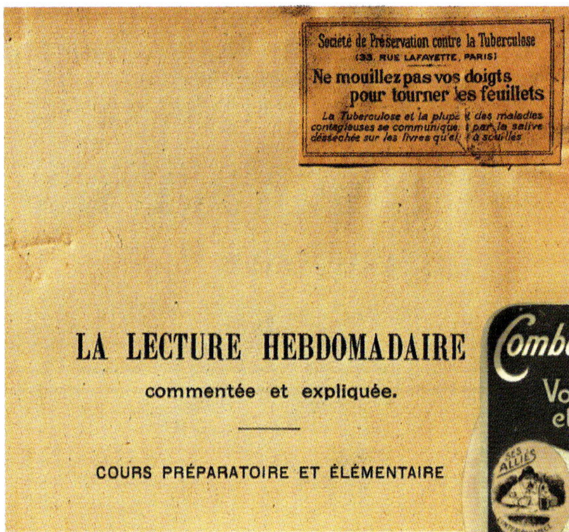

Une excellente habitude

L'eau entretient la souplesse de la peau ; elle en favorise les fonctions. Quand elle est froide, elle active la circulation sous-cutanée ; elle rend le corps moins sensible aux changements de température. Une excellente habitude de propreté et d'hygiène est la douche quotidienne d'eau froide appliquée à l'éponge et suivie d'énergiques frictions : elle laisse après elle une sensation de bien-être qui est gage certain de santé.

SOURCE : M. Lacabe-Plasteig, *Les Sciences physiques et naturelles.* Cours moyen et supérieur. Librairie Matteroz et Martinet, nouvelle édition, 1908.

PRÉVENTION ET IMAGINATION

Au début du siècle, les campagnes de prévention contre la tuberculose font assaut d'imagination, à l'exemple de ce kaléidoscope manuel conçu pour susciter la curiosité des enfants avec des images instructives sur leur santé.

Le rôle social des instituteurs

Le rôle social des instituteurs devient de jour en jour plus considérable, notamment pour ce qui concerne l'éducation du peuple en matière d'hygiène.

Dans les petits villages surtout, où l'instituteur est secrétaire de mairie, c'est sur lui que repose presque entièrement le fonctionnement de la loi sanitaire de 1902. La lutte contre les maladies évitables, contre les logements insalubres, la protection des enfants du premier âge, les règlements relatifs à la vaccination, aux eaux potables, aux aliments falsifiés et nuisibles, rentrent en majeure partie dans ses attributions. Son rôle est donc complexe, difficile, mais d'une extrême utilité.

SOURCE : Pr Debove, Dr Plicke, *Hygiène.* Delagrave, s. d.

60 LA MORALE PAR L'IMAGE

III

Devoirs envers le corps — Propreté

La propreté est pour le corps ce que la pureté est pour l'âme. (Épictète.)

Son visage et ses mains sont toujours parfaitement nets.

Il n'y a pas de spectacle plus agréable qu'une classe composée d'enfants propres. Leur tenue extérieure est un gage de leur bonne santé physique et morale. — Le maître a donc raison de veiller à ce que l'enfant ait soin de nettoyer souvent les organes qui se salissent le plus.

Gentillesse et propreté

Un jour de Sainte-Catherine, madame vint visiter une école.
Elle apportait des récompenses aux enfants qui avaient été sages. [...]
Parmi les écolières, il y en avait une qui se tenait à l'écart; elle s'appelait Georgette.
La mère de Georgette était pauvre et n'avait pu, depuis longtemps, lui acheter de robe neuve; de sorte que l'enfant n'en avait qu'une, qui lui servait pour la semaine et les jours de fêtes.
Elle était raccommodée en plusieurs endroits; mais les pièces avaient été si bien rapportées que c'est à peine si on les apercevait.

La dame les voyait bien cependant; mais elle voyait en même temps que la figure et les mains de Georgette étaient bien lavées, ses cheveux soigneusement lissés, ses chaussures propres, et lui remit le livre en l'embrassant.

– Ce qui rend les petites filles gentilles, dit-elle aux autres, ce n'est pas une belle robe ni des cheveux bouclés, c'est la propreté sur elles et sur leurs habits.

SOURCE : E. Dupuis, *Premières Leçons de choses usuelles*. Delagrave, 4e éd., 1879.

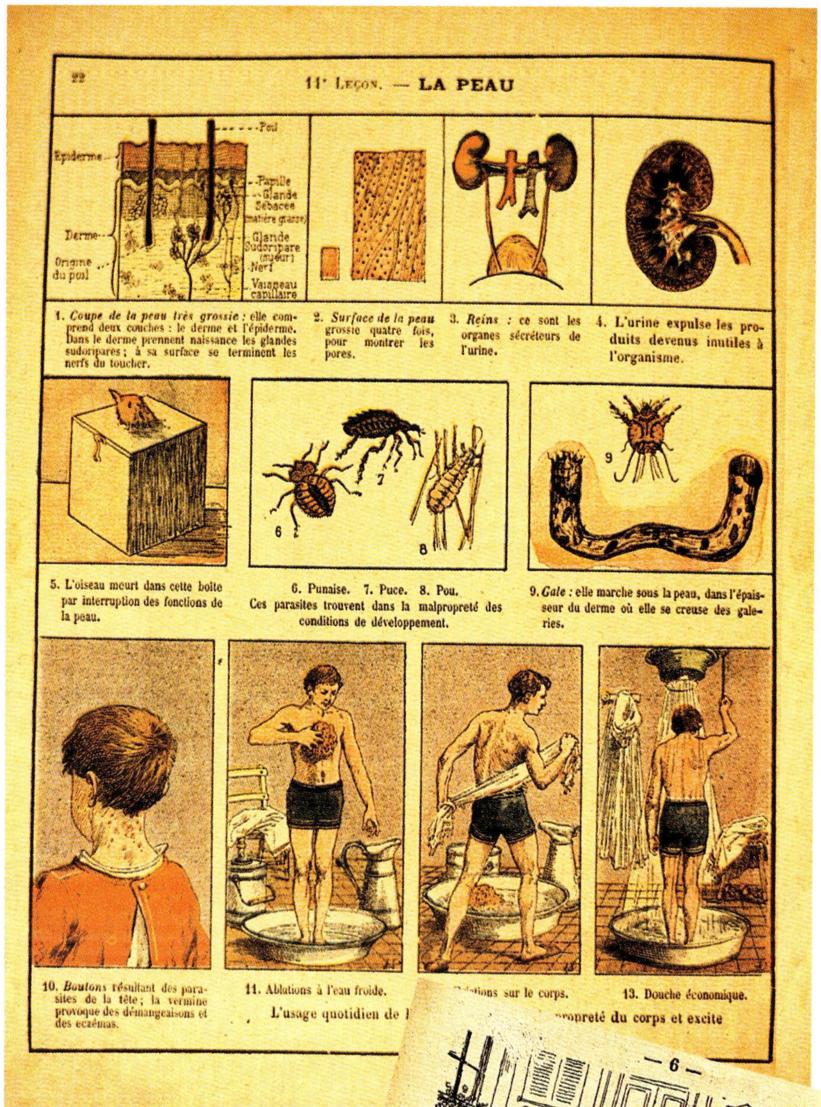
22 11e Leçon. — LA PEAU

1. *Coupe de la peau très grossie* : elle comprend deux couches : le derme et l'épiderme. Dans le derme prennent naissance les glandes sudoripares; à sa surface se terminent les nerfs du toucher.

2. *Surface de la peau* grossie quatre fois, pour montrer les pores.

3. *Reins* : ce sont les organes sécréteurs de l'urine.

4. L'urine expulse les produits devenus inutiles à l'organisme.

5. L'oiseau meurt dans cette boîte par interruption des fonctions de la peau.

6. Punaise. 7. Puce. 8. Pou.
Ces parasites trouvent dans la malpropreté des conditions de développement.

9. *Gale* : elle marche sous la peau, dans l'épaisseur du derme où elle se creuse des galeries.

10. *Boutons* résultant des parasites de la tête; la vermine provoque des démangeaisons et des eczémas.

11. Ablutions à l'eau froide.

...tions sur le corps.

13. Douche économique.

L'usage quotidien de l... ...propreté du corps et excite

Le bain pour supplice

Le bain! Ma mère en avait fait un supplice. Heureusement elle ne m'emmenait avec elle, pour me récurer à fond, que tous les trois mois.
Elle me frottait à outrance, me faisait avaler, par tous les pores, de la soude et du suif, que pleurait un savon de Marseille à deux sous le morceau, qui empestait comme une fabrique de chandelles. Elle m'en fourrait partout, les yeux m'en piquaient pendant une semaine, et ma bouche en bavait...

J'ai bien détesté la propreté, grâce à ce savon de Marseille!

SOURCE : Jules Vallès, *L'Enfant*.

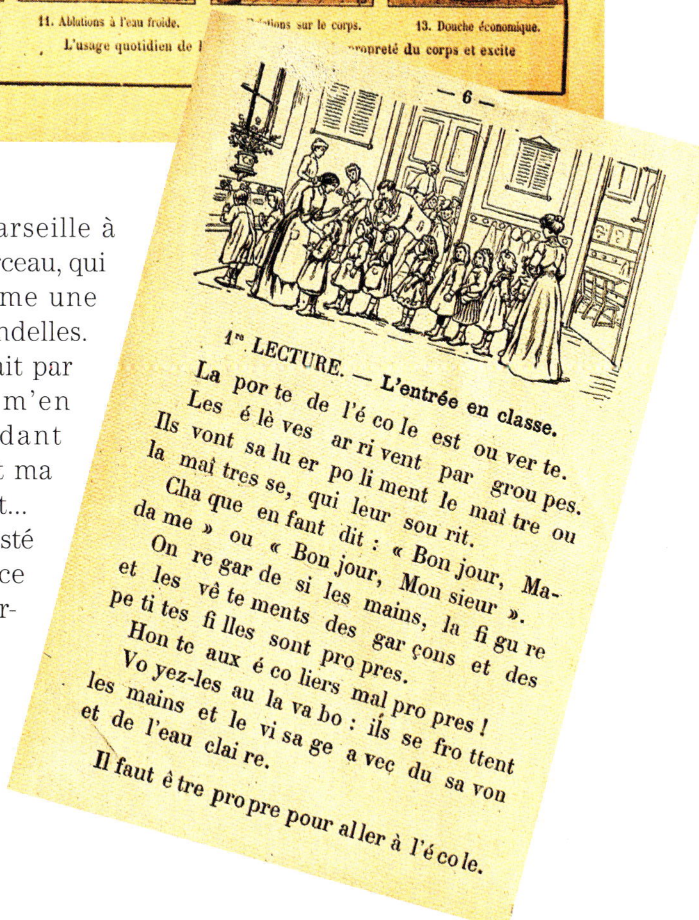
— 6 —

1re LECTURE. — L'entrée en classe.

La por te de l'é co le est ou ver te.
Les é lè ves ar ri vent par grou pes.
Ils vont sa lu er po li ment le maî tre ou la maî tres se, qui leur sou rit.
Cha que en fant dit : « Bon jour, Ma da me » ou « Bon jour, Mon sieur ».
On re gar de si les mains, la fi gu re et les vê te ments des gar çons et des pe ti tes fi lles sont pro pres.
Hon te aux é co liers mal pro pres!
Vo yez-les au la va bo : ils se fro ttent les mains et le vi sa ge a vec du sa von et de l'eau clai re.
Il faut ê tre pro pre pour al ler à l'é co le.

Quand
les Grands
Hommes
étaient
petits....
Textes
de
Jeoffrin
images de H.G.Ibels
et A.Gérardin

Apprendre la France

« *Mettons dans l'esprit des enfants une provision de beaux souvenirs, qui les élèveront au-dessus de la vie vulgaire.* »

ERNEST LAVISSE, *L'Année préparatoire d'histoire de France.* Armand Colin.

Contrairement aux idées qu'on a pu lui prêter, Jules Ferry estime que les diverses identités régionales ne mettent pas vraiment en danger l'unité nationale.

Ce serait plutôt un clivage culturel qui sépare les familles, et a fortiori les jeunes, depuis la Révolution française. Certains enfants ont été éduqués dans la vénération, et d'autres dans l'aversion de 1789. Jules Ferry veut donc faire œuvre de réconciliation nationale en créant pour eux un fonds commun de références.

L'enseignement de la géographie, des colonies, de l'histoire répond au souci d'offrir aux écoliers un bréviaire patriotique, dans lequel le mythe et la réalité se partagent les rôles pour célébrer le culte de la nation française.

Ainsi, avec la géographie, la France se récite. Une ardente propagande catholique insinuait que la mauvaise connaissance de cette matière avait sa part de responsabilité dans la défaite de 1870. La géographie devient alors « en expiation » la discipline-phare de l'enseignement laïc du début du siècle.

Du nord au sud, de l'est à l'ouest, entre les montagnes et les plaines, entre les fleuves et les affluents, entre les golfes et les estuaires, l'élève doit percer tous les mystères de la terrifiante « carte muette ». Il doit aussi psalmodier la liste des départements, préfectures et sous-préfectures. Car l'unité nationale est affaire de dogme et de liturgie.

Avec les colonies, la France se découvre : « l'exemple français » rayonne bien au-delà de l'hexagone et apporte sa civilisation éclairée aux bons sauvages. Les récits de voyage, l'exotisme des paysages doivent naturellement donner aux écoliers l'envie de parcourir ces « petites France ».

Avec l'histoire enfin, la France se raconte. Comme un livre d'aventures, avec ses héros, leurs épopées et leurs exploits. Autant de récits légendaires qui lèguent aux générations une solide culture patriotique. Ainsi se déroule la grand-messe républicaine : l'unité de la nation, comme l'identité d'un peuple, cela relève aussi du langage des symboles...

Un panthéon scolaire

LA VOIX DES GRANDS ANCÊTRES

Jeanne d'Arc est l'héroïne emblématique de l'histoire de France. Issue du peuple, elle vient réveiller Charles VII, un roi avachi dans sa mollesse aristocratique. Jeanne le sursaut, Jeanne le recours, les manuels scolaires de la IIIe République ne sont pas avares d'envolées lyriques. « Écoute, mon enfant, les voix des grands ancêtres du pays de la France : [...] Je suis Jeanne d'Arc, une paisible fille de Lorraine. Au récit des misères de la France envahie, mon cœur se fendait de pitié, et mes yeux se remplissaient de larmes. J'ai chassé les Anglais, j'ai délivré mon pays. Après un jugement infâme, les Anglais m'ont brûlée vive sur un bûcher. Gloire à Jeanne d'Arc. » (Cf. E. Devinat, Livre de lecture et de morale. *Larousse, 3e éd., 1895.)*

L'ange du patriotisme

J'ai pensé, mes enfants, qu'il appartenait à une Orléanaise de vous raconter la vie de la Fille au grand cœur, de celle qu'on a appelée l'ange du patriotisme, de vous dire cette épopée à la fois divine et humaine, merveilleuse comme une légende et vraie comme une histoire. [...]

Vous prendrez la résolution d'aimer, vous aussi, votre patrie de tout votre cœur, d'avoir pour elle la tendresse qu'on a pour une mère ; et ainsi, l'histoire de Jeanne sera pour vous une vivante exhortation au courage, au dévouement, au don de soi-même !

SOURCE : CLARISSE JURANVILLE, *Jeanne d'Arc racontée aux enfants.* Larousse, s. d.

26

La bonne Française.

FIG. 37. — Après Charles VI, il y eut, à Paris, un roi anglais. Alors, la bergère Jeanne d'Arc pensait aux malheurs de la France.

FIG. 38. — Jeanne d'Arc quitta sa famille pour faire la guerre. Elle délivra la ville d'Orléans que les Anglais allaient prendre.

L'Empereur Charlemagne. 9

Fig. 12. — Charlemagne aimait l'instruction. A l'école de son palais, il se faisait montrer les devoirs de tous les élèves.

4e LEÇON. – Le plus sage et le plus puissant des rois Francs, c'est Charlemagne qui est fait empereur en l'an 800.

4e DEVOIR. — Remplacer les points par les mots nécessaires :

Dans la gravure de cette page on voit l'empereur... qui visite.... Il gronde les....

Des dates ânonnées

La voix tranquille et insistante du maître d'école s'élevait dans la pénombre chaude de la classe.

– Truffié, voyons si tu sais tes quinze dates ? Quinze dates, ce n'est pas beaucoup pour toute l'histoire. Mais avec ça déjà tu peux te reconnaître...

Truffié commençait à réciter... 732, Charles Martel bat les Arabes à Poitiers... 800, couronnement de Charlemagne... 987, Hugues Capet roi de France, 1214, bataille de Bouvines...

Et là, un scrupule prenait à nouveau le maître. Ces dates ânonnées n'allaient-elles pas rester piquées dans la mémoire comme des bâtons dans le désert ? Est-ce qu'elles parleraient vraiment ? Est-ce que les visages du passé revivraient avec elles ?

Simon reprenait la parole. Il recommençait le vieux récit. Les hommes sortaient de la nuit des temps, les Gaulois buvaient l'hydromel, les serfs grattaient la terre, les communes se soulevaient, Christophe Colomb découvrait l'Amérique... Vous me suivez, vous y êtes ?

Il faisait lourd. Une batteuse bourdonnait déjà vers la plaine. Des guêpes valsaient autour du robinet de la cour. Le camp du Drap d'Or, la Saint-Barthélemy, la « poule-au-pot », Colbert et la solliciteuse, les états généraux et les Trois Glorieuses valsaient comme des guêpes dans les esprits indociles.

SOURCE : Pierre Gamarra, *Le Maître d'école*. Gallimard, 1994.

Portrait de Charlemagne

Charles était de taille élevée, il avait le visage coloré, les yeux grands et clairs, d'épais cheveux bruns. Il jouissait d'une santé robuste. Il aimait à monter à cheval, à chasser. Son plus grand plaisir était de se baigner, car il était habile nageur.

Il s'habillait à la manière des Francs et ne portait que des vêtements très simples. À table, il était très sobre. Rarement il buvait plus de trois fois par repas.

SOURCE : E. Segond, *Histoire de France des origines à nos jours*. Cours élémentaire. Hatier, 31e éd., s. d.

« LA VERTU SIMPLE DES HÉROS »

Une exigence morale de revanche – conséquence de la défaite de Sedan en 1870 – jette les bases d'un panthéon scolaire où l'histoire de France ne s'écrit et s'apprend que par héros interposés. Vercingétorix, Charlemagne, Jeanne d'Arc, Henri IV, Colbert, Gambetta : tous ces héros « dont la vertu simple peut être décrite sans altération devant ces esprits candides », selon les termes des instructions de 1887.

LE CAUCHEMAR DES ÉCOLIERS

Ces tableaux de révision et d'interrogation impressionnent par leur beauté. Mais ils devenaient un cauchemar pour l'écolier qui devait se mettre en tête les grandes dates, les grands personnages et les grands événements de l'Histoire de France. Ces tableaux, qui mesurent environ 16 cm sur 24 cm, appartiennent à une série complète de douze planches thématiques, allant de la victoire de Tolbiac (496) à la campagne du Maroc (1907).

L'ami des bons écoliers

Charlemagne n'aimait pas les enfants paresseux. Il aimait beaucoup les enfants studieux. Un jour, l'empereur entra dans une école. Il dit aux maîtres : « Montrez-moi tous les cahiers. »

Il y avait des cahiers sur lesquels les devoirs étaient très mal faits ! Il y avait des cahiers sur lesquels les devoirs étaient très bien faits. Charlemagne dit aux enfants studieux : « Passez à ma droite ! » Il dit aux paresseux : « Passez à ma gauche ! » Il fit des compliments aux bons élèves, qui furent très fiers ! Il fit de sévères reproches aux mauvais élèves, qui étaient presque tous des fils de grands seigneurs. Les mauvais élèves furent très honteux !

Lycée Hoche à Versailles
Année 1917
Souvenir de la St Charlemagne
Carte accordée à
M. Donzel
Élève de 7e
Le Proviseur,
Ch. Bayeux.

Ils promirent de mieux travailler.

– Moi, j'aurais voulu être parmi les enfants sages, déclara Rosette.

Le grand-père demanda :

– Pourrais-tu me dire, Henri, quelle est la fête qui rappelle cette visite de Charlemagne aux écoles ?

– C'est la Saint-Charlemagne ! c'est une grande fête dans les écoles de France ! Tous les bons élèves y prennent part. Vous aviez raison grand-père ; Charlemagne est le grand ami des écoliers !

– Des bons écoliers ! corrigea Rosette.

SOURCE : Henry Guérin, *Pourquoi et parce que des petits enfants. Notre histoire.* Librairie Ducrocq.

Une défaite plus glorieuse qu'une victoire

Au retour de l'expédition en Espagne, l'arrière-garde, commandée par Roland, avait été surprise par des montagnards dans un défilé des Pyrénées. *La Chanson de Roland*, qui est le plus ancien monument de notre littérature, exalte cette unique défaite, plus glorieuse qu'une victoire.

La petite troupe des Francs est écrasée sous les pierres ou percée par les flèches que lancent d'en haut des milliers de Sarrasins ; autour de Roland tombent tous ses compagnons et son fidèle Olivier. Il frappe sans relâche de sa vaillante épée « Durandal », puis il essaie de la briser pour qu'elle ne tombe pas aux mains de l'ennemi ; mais il ne peut que tailler dans le rocher une ouverture qu'on appelle encore « la Brèche de Roland ».

Une deuxième fois, il sonne de son cor d'ivoire pour appeler Charlemagne. La terre en trembla et l'empereur rebroussa chemin en toute hâte ; mais le héros, déjà épuisé par ses blessures, avait fait jaillir le sang de sa bouche par ce suprême effort. Étendu sur l'herbe verte, tourné vers l'ennemi, cachant sous lui son épée, il était mort en songeant à la douce France, sa patrie.

SOURCE : Raoul Suerus, *Histoire de France.* Cours élémentaire. Librairie Dumont, 2e éd., 1889.

UNE PÉDAGOGIE QUI SE CHERCHE

« Faire de l'histoire de France une histoire sainte », comme le souhaite Jules Ferry, tous les grands pédagogues de la IIIe République s'y emploient, sans se mettre d'accord sur la méthode à suivre. L'enseignement de l'histoire recueille certes l'unanimité, mais il ondoie au gré d'une pédagogie qui se cherche. Faut-il imprimer la mémoire ou inviter à la réflexion ? Les auteurs de manuels scolaires exposent chacun leur conception et défendent farouchement leur position.

E. Segond, dans la préface de son Histoire de France des origines à nos jours *(Hatier), explique par exemple son parti pris : « Chacun de nos chapitres débute par la leçon, que les élèves doivent apprendre par cœur; elle est assez courte pour se graver aisément dans leur mémoire, mais elle contient, sous une forme concise, tout ce qu'il leur est indispensable de bien retenir. »*

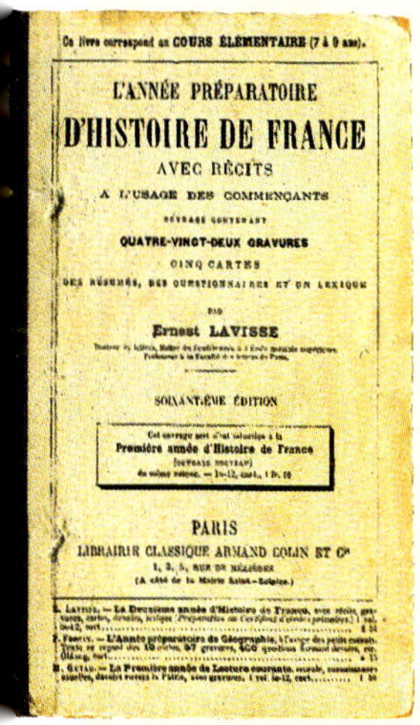
Ce livre correspond au COURS ÉLÉMENTAIRE (7 à 9 ans).
L'ANNÉE PRÉPARATOIRE
D'HISTOIRE DE FRANCE
AVEC RÉCITS
A L'USAGE DES COMMENÇANTS
OUVRAGE CONTENANT
QUATRE-VINGT-DEUX GRAVURES
CINQ CARTES
DES RÉSUMÉS, DES QUESTIONNAIRES ET UN LEXIQUE
PAR
Ernest LAVISSE
SOIXANTIÈME ÉDITION
Première année d'Histoire de France
PARIS
LIBRAIRIE CLASSIQUE ARMAND COLIN ET Cie

P. Foncin, auteur des Textes et récits d'histoire de France *(Armand Colin), fustige quant à lui sans nuance cette méthode : « Avant tout, nous conjurons les maîtres de nos enfants, quels qu'ils soient, de renoncer à faire copier et apprendre par cœur machinalement de longues pages d'histoire. Ce procédé barbare n'a jamais donné aucun résultat sérieux. Combien d'enfants, au sortir de l'école, et après y avoir emmagasiné mot à mot dans leur cervelle toute l'histoire de France, combien sont incapables d'en redire autre chose que des mots ou des lambeaux de phrases absolument vides d'idées ? Renonçons donc une fois pour toutes à traiter les enfants comme des machines à réciter; et si nous voulons former des hommes et des citoyens, sachons d'avance les considérer comme tels : habituons-les à penser. »*

Relire l'histoire de France

Quelle honte que de parler aux enfants de la France cocardière, de cette France qui ne se trompe jamais !...

Depuis que j'étais tout enfant j'avais en horreur toutes les pages de notre histoire où les dates à retenir ne sont que des victoires et les noms propres que des héros. Évidemment dans mes cours je me suis efforcée de rester dans le cadre de ce qui était permis, mais tout de même j'essayais de donner un peu de vie aux images d'Épinal que leur dispensaient les manuels d'histoire. Lorsque nous étions aux guerres de Religion je leur parlais de la tolérance, au moment de la Révolution je leur disais que les sans-culottes avaient été à la fois les pionniers de la liberté et les victimes du suffrage universel.

SOURCE : ÉMILIE CARLES, *Une soupe aux herbes sauvages.*

HISTORIEN ET CONTEUR

Tel un conteur, l'historien Ernest Lavisse articule son enseignement avec un paternalisme sentencieux, tout employé à graver les mémoires. Ce culte du souvenir donne alors naissance aux bonnes vieilles recettes qui feront le succès de l'enseignement de l'histoire sous la IIIe République : des repères chronologiques simples et abondants démontrent le progrès continu de l'humanisme français; des récits légendaires forgent de véritables mythes populaires. Vercingétorix, vaincu à Alésia, scelle, dans l'aventure de la rébellion et dans le panache de la soumission, l'âme de tout un peuple... français avant la lettre. Charlemagne, visitant l'école palatine, blâme les mauvais élèves, gosses de riches, dans une harangue au curieux accent républicain. Jeanne d'Arc, superbe dans son étincelante armure, brandit, tel « l'ange du patriotisme », l'étendard blanc devant les remparts d'Orléans.

Une géographie expiatoire

« Quand vous connaîtrez bien notre France, vous l'aimerez comme vous aimez votre maison, votre famille, votre ville ou votre village. »

Méthode Cuissart, 2e livret.

UNE NOMENCLATURE SÈCHE ET ARIDE

À l'école de la République, la leçon de géographie se résume trop souvent à un fastidieux exercice de mémoire : savoir situer un département, nommer un fleuve, indiquer l'altitude exacte d'un massif... Malheur à l'écolier qui ne parvient pas à faire parler la terrible « carte muette » !

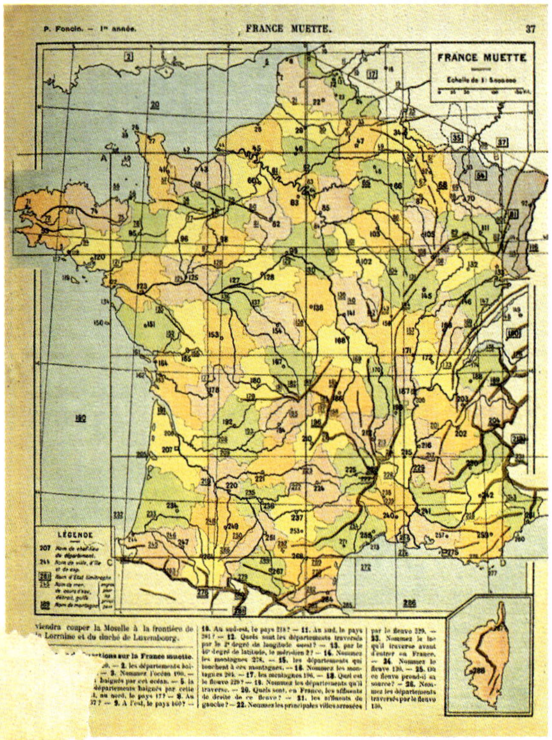

La patrie, la terre de vos pères

Vous verrez que vos pères, qui habitaient avant tout cette belle terre de France, n'ont pas toujours été heureux et libres comme vous l'êtes aujourd'hui, et qu'ils ont pendant de longues années travaillé et souffert pour vous donner le bonheur et la liberté.

Vous verrez aussi qu'ils ont versé leur sang dans de glorieuses batailles pour que la France fût honorée entre toutes les nations.

Vous apprendrez ainsi ce que vous devez à vos pères, et pourquoi votre premier devoir est d'aimer par-dessus tout votre patrie, c'est-à-dire la terre de vos pères.

SOURCE : Ernest Lavisse, *La Nouvelle Première Année d'histoire de France*. Armand Colin, 1899.

Chauvinisme et patriotisme

Il est urgent, il est absolument nécessaire d'éclairer les jeunes Français sur la valeur réelle de leur patrie.

L'amour aveugle n'est qu'un amour futile et ridicule, indigne d'un homme sensé et d'un véritable citoyen : on l'a appelé justement d'un nom grotesque, « le chauvinisme » ; c'est le chauvinisme qui a conduit la France à deux doigts de sa perte.

Le patriotisme véritable est un amour éclairé qui connaît exactement le fort et le faible de son pays, l'adore tel qu'il est, mais désire non moins ardemment qu'il accomplisse de nouveaux progrès, se corrige de ses défauts, s'élève par un effort soutenu au rang que, dans bien des branches de l'activité humaine, d'autres nations lui disputent jusqu'ici victorieusement.

La géographie comparée est un miroir fidèle qui ne permet ni mensonge ni illusion. À ce titre, elle mérite de prendre place, une place de plus en plus large, dans notre enseignement.

SOURCE : P. Foncin, *La Deuxième Année de géographie*. Armand Colin, 1905.

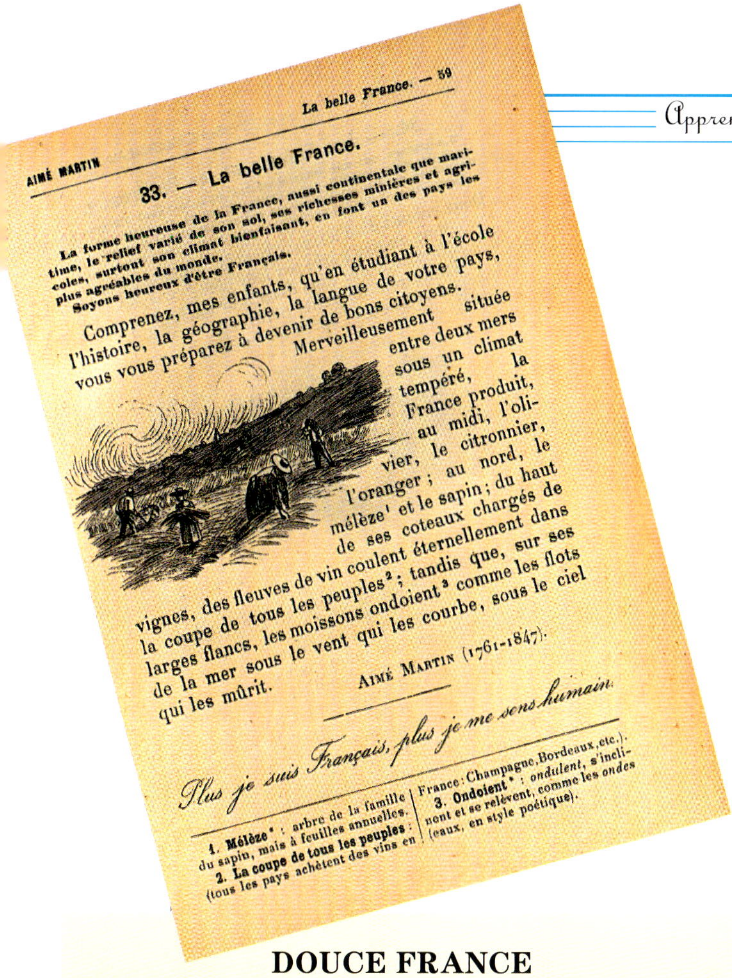

La belle France. — 59

AIMÉ MARTIN

33. — La belle France.

La forme heureuse de la France, aussi continentale que maritime, le relief varié de son sol, ses richesses minières et agricoles, surtout son climat bienfaisant, en font un des pays les plus agréables du monde.
Soyons heureux d'être Français.

Comprenez, mes enfants, qu'en étudiant à l'école l'histoire, la géographie, la langue de votre pays, vous vous préparez à devenir de bons citoyens.

Merveilleusement située entre deux mers sous un climat tempéré, la France produit, au midi, l'olivier, le citronnier, l'oranger ; au nord, le mélèze[1] et le sapin ; du haut de ses coteaux chargés de vignes, des fleuves de vin coulent éternellement dans la coupe de tous les peuples[2] ; tandis que, sur ses larges flancs, les moissons ondoient[3] comme les flots de la mer sous le vent qui les courbe, sous le ciel qui les mûrit.

AIMÉ MARTIN (1761-1847).

Plus je suis Français, plus je me sens humain.

1. **Mélèze*** : arbre de la famille du sapin, mais à feuilles annuelles.
2. **La coupe de tous les peuples** : (tous les pays achètent des vins en France : Champagne, Bordeaux, etc.).
3. **Ondoient*** : *ondulent*, s'inclinent et se relèvent, comme les ondes (eaux, en style poétique).

DOUCE FRANCE

Unanimes et grandiloquents, les manuels scolaires se complaisent dans l'égocentrisme. La patrie est terre d'harmonie : les climats n'y connaissent aucun excès, les paysages sont « pittoresques » et diversifiés, les provinces sont riches de leurs particularismes.
Dans son ouvrage Douce France, *l'académicien René Bazin trouve les mots justes pour charmer les écoliers : « Enfants, comprenez bien pourquoi la France est appelée douce. On l'a nommée ainsi à cause de sa finesse, de sa courtoisie, de son cœur joyeux et tout noble.*
Mais la douceur n'est pas faible, elle n'est pas timide. La douceur est forte. La douceur est armée pour la justice et pour la paix. [...] La France justicière, la France guerrière, la France conquérante est encore la douce France. [...]
Un de mes lecteurs m'a écrit : C'est le catéchisme de la France que vous faites ! Ah ! que je voudrais l'avoir fait ! que je voudrais avoir glorifié toute l'âme de la France ! »

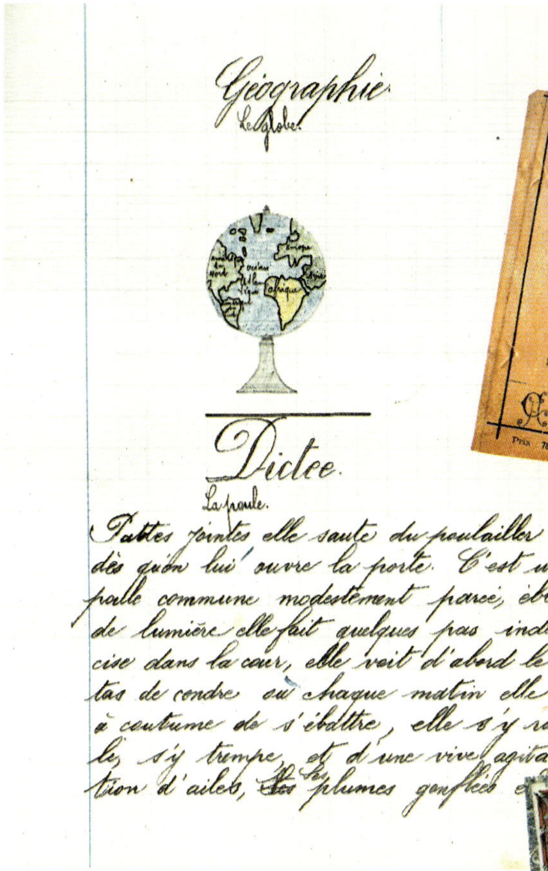

Géographie
Le Globe.

Dictée.
La poule.

Pattes jointes elle saute du poulailler dès qu'on lui ouvre la porte. C'est u
poule commune modestement parée, éb
de lumière elle fait quelques pas inde
cise dans la cour, elle voit d'abord le
tas de cendre où chaque matin elle
a coutume de s'ébattre, elle s'y ro
le, s'y trempe, et d'une vive agita
tion d'ailes, les plumes gonflées e

À propos de la race française...

Des hommes, la France n'en produit pas assez pour un accroissement de population comparable à la poussée rapide de plusieurs autres peuples.

Il ne semble pas pourtant que la faiblesse de la natalité soit inhérente à la race française, puisque, en d'autres circonstances et en d'autres lieux, au Canada surtout, cette même race se montre plus exubérante qu'aucune autre. Mais le paysan français est si attaché à son bien que le cœur lui saigne à la pensée que ce bien serait un jour démembré et que, pour échapper à la rigueur des lois successorales, il se résigne volontiers à n'avoir qu'un ou deux enfants. Beaucoup de bourgeois, qui n'ont pas les mêmes excuses, raisonnent comme le paysan. La routine, l'égoïsme, l'esprit casanier sont les complices de ces tristes calculs.

SOURCE : P. FONCIN, *Le Pays de France*. Armand Colin, 3e éd., 1899.

« Ne jamais oublier. . . »

« La Lorraine de Metz a toujours parlé français. La Lorraine de la Sarre et l'Alsace, parlant un dialecte allemand, étaient françaises de volonté et de cœur avant les événements 1870-1871. Aucune région n'a été aussi féconde en patriotes. [...]

Notre devoir à nous Français est de ne jamais oublier nos frères d'Alsace-Lorraine. Ils ont été séparés de nous contre leur volonté : la justice et le droit souffrent en leur personne une violence permanente et tant que subsistera cette iniquité, le monde civilisé n'aura point de sécurité ni de repos. »

SOURCE : P. PONCIN, *Manuel de géographie.* Cours préparatoire et cours complémentaire. Armand Colin.

UN AVANT-GOÛT DE REVANCHE

Contrition, expiation, rédemption donnent le ton de la leçon de géographie dès que la baguette du maître pointe sur la carte d'Alsace-Lorraine. L'étude de la géographie physique offre ainsi le prétexte de préparer les jeunes Français à leur devoir de reconquête.

Vive la France !

Tout à coup, l'horloge de l'église sonna midi, puis l'angélus. Au même moment, les trompettes des Prussiens qui revenaient de l'exercice éclatèrent sous nos fenêtres... M. Hamel se leva, tout pâle, dans sa chaise. Jamais il ne m'avait paru si grand.

– Mes amis, dit-il, je... je...

Mais quelque chose l'étouffait. Il ne pouvait pas achever sa phrase.

Alors il se tourna vers le tableau, prit un morceau de craie et, en appuyant de toutes ses forces, il écrivit aussi gros qu'il put : « VIVE LA FRANCE ! »

Puis il resta là, la tête appuyée au mur, et, sans parler, avec sa main, il nous faisait signe :

– C'est fini... allez-vous-en.

SOURCE : ALPHONSE DAUDET, *Contes du lundi.* « La dernière classe, récit d'un petit Alsacien ».

« Vieille et loyale Alsace »

[...]
Dis-moi quel est ton pays,
Est-ce la France ou l'Allemagne ?
– C'est un pays de plaine et de montagne,
Que les vieux Gaulois ont conquis
Deux mille ans avant Charlemagne...
Et que l'étranger nous a pris !
C'est la vieille terre française
De Kléber, de la Marseillaise !...
La terre des soldats hardis
À l'intrépide et froide audace,
Qui regardent toujours la mort en face !
C'est la vieille et loyale Alsace !
[...]

Erckmann-Chatrian (cf. J. Boitel, A. Coquet, *Le Français par la lecture.* Cours moyen. Delagrave, 1914).

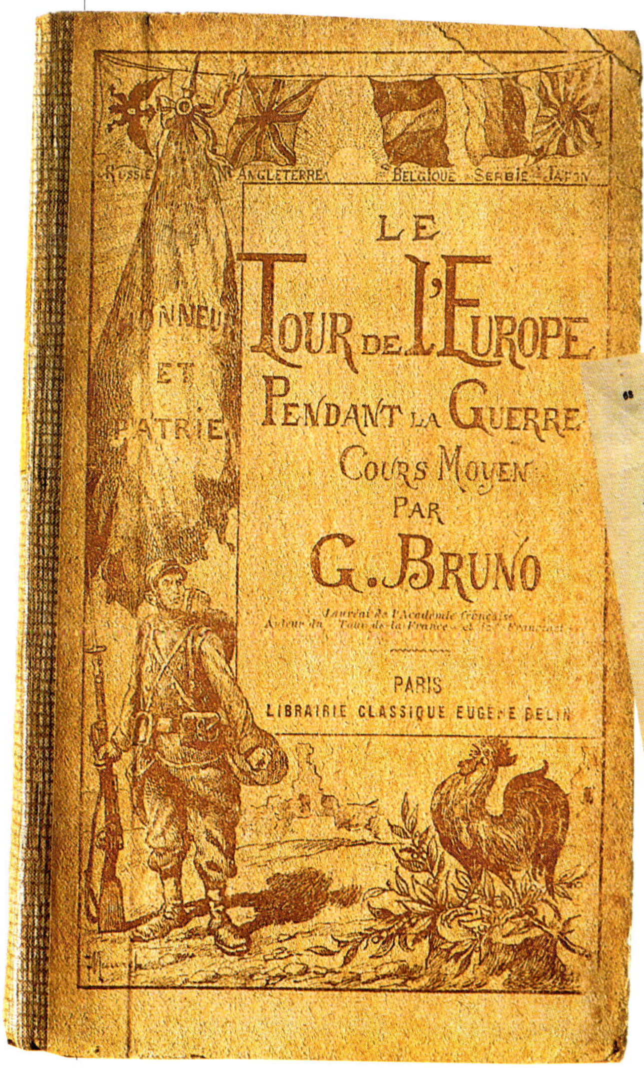

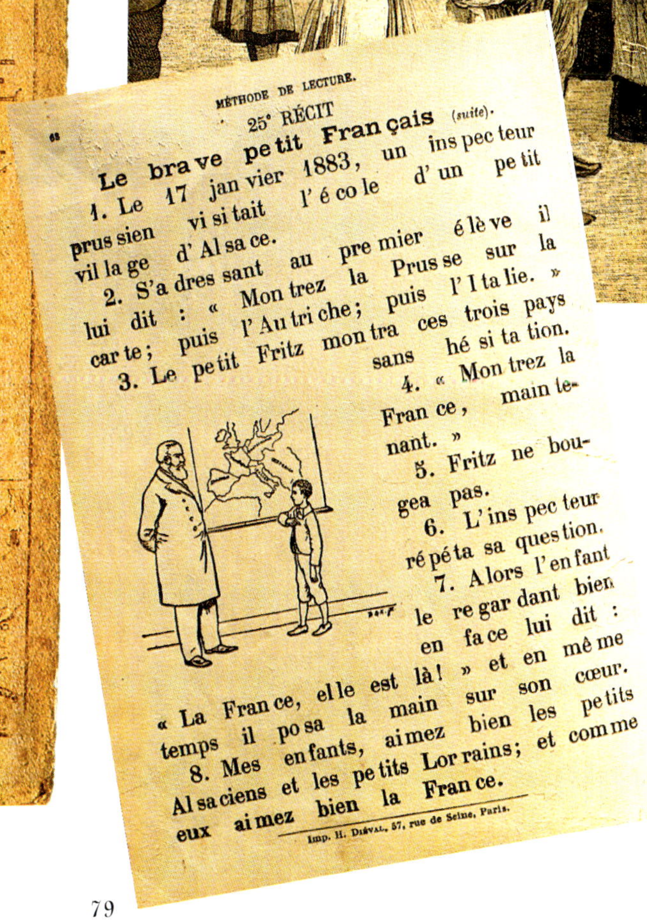

68 MÉTHODE DE LECTURE.

25e RÉCIT

Le brave petit Français (*suite*).

1. Le 17 janvier 1883, un inspecteur prussien visitait l'école d'un petit village d'Alsace.
2. S'adressant au premier élève il lui dit : « Montrez la Prusse sur la carte ; puis l'Autriche ; puis l'Italie. »
3. Le petit Fritz montra ces trois pays sans hésitation.
4. « Montrez la France, maintenant. »
5. Fritz ne bougea pas.
6. L'inspecteur répéta sa question.
7. Alors l'enfant le regardant bien en face lui dit : « La France, elle est là ! » et en même temps il posa la main sur son cœur.
8. Mes enfants, aimez bien les petits Alsaciens et les petits Lorrains ; et comme eux aimez bien la France.

Imp. H. Duval, 57, rue de Seine, Paris.

Une « nécessaire » expansion coloniale

« Le jour où la France s'éteindrait, le crépuscule se ferait sur la terre. »

VICTOR HUGO.

Utilité des colonies

L'expansion coloniale est une nécessité de la vie des peuples, tout comme la marche est un besoin de la santé. Les colonies sont fort utiles : la métropole y déverse le trop-plein de sa population et en particulier ceux de ses fils qui ont un excès d'énergie à dépenser et qui se trouvent à l'étroit dans le vieux monde.

SOURCE : P. FONCIN, *Géographie.* Cours supérieur et cours complémentaire. Armand Colin, s. d.

Conserver une place dans le monde

Si nous voulons, nous Français, conserver une place dans le monde, il faut, par un vigoureux effort, voyager, coloniser, répandre partout notre langue, apprendre les langues étrangères, nous renseigner sur les productions de chaque pays.

SOURCE : P. FONCIN, *La Première Année de géographie.* Armand Colin, s. d.

« Justice envers les races inférieures »

Si vous devez partir pour l'Algérie, le Tonkin, le Soudan [...] il ne faut pas que, par ignorance, par inattention ou par préjugé, vous soyez exposés à mal juger ou à maltraiter des hommes de race, de couleur, de mœurs différentes, sur lesquels votre qualité de Français soldat ou citoyen du peuple victorieux vous donnera la supériorité ou même, dans certains cas, une autorité presque sans bornes, limitée seulement par votre bon cœur et votre raison.

SOURCE : L. VILLAIN, L. COMTOIS, G. LOIRET, *La Lecture du jour.* Cours moyen. Delagrave, 1906.

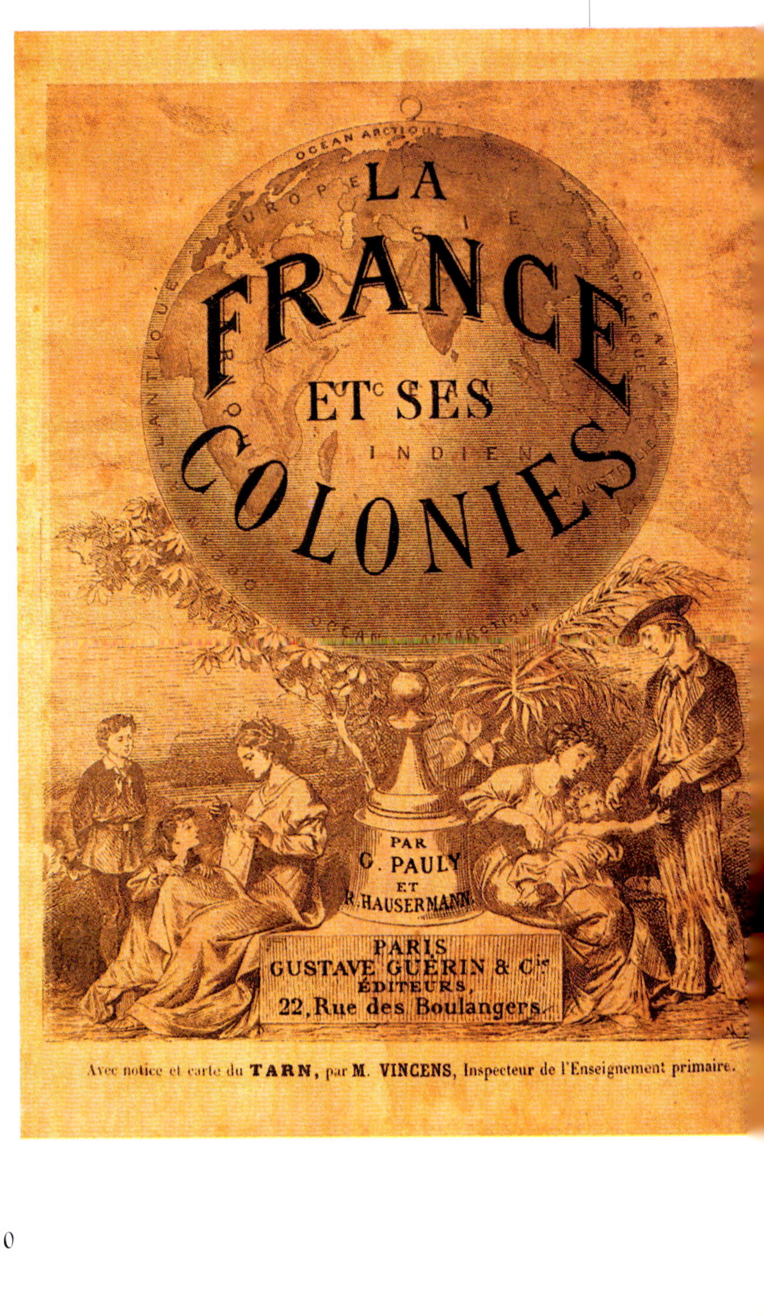

Un savoir-faire colonial

La France a le don de la sympathie. Elle seule s'est montrée capable d'apprivoiser les sauvages, au lieu de les détruire. Elle seule exerce sur les peuples civilisés une attraction morale, une influence qui n'ont rien de commun avec la puissance de ses canons et de ses cuirassés.

Elle incarne, pour beaucoup d'entre eux au moins, un idéal de justice, de liberté, de fraternité. On disait naguère qu'elle est le soldat de Dieu ; au moins semble-t-il que sa vraie place soit à l'avant-garde de l'humanité.

SOURCE : P. Foncin, *Le Pays de France*. Armand Colin, 3e éd., 1899.

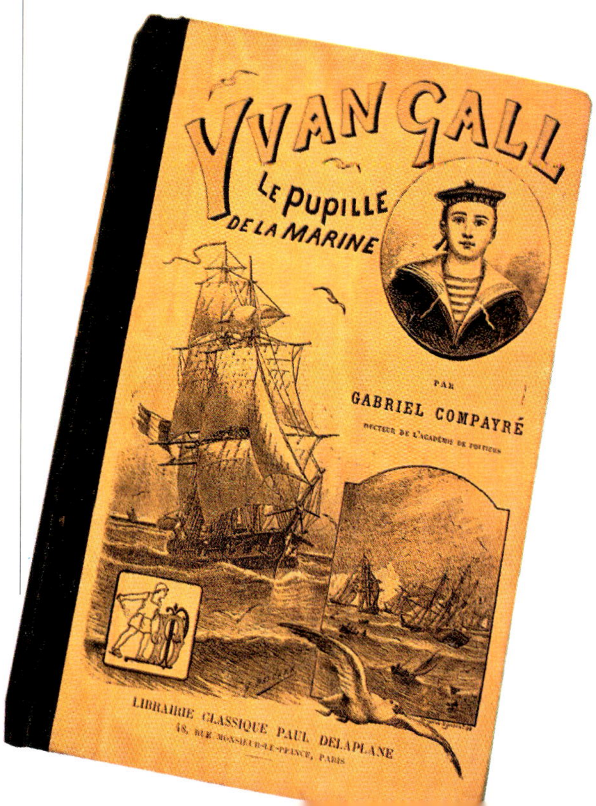

L'AFRIQUE, TERRE D'AVENTURES...

Les contrées lointaines, sauvages, mystérieuses constituent, à n'en point douter, une riche source d'inspiration pour les auteurs dont les récits excitent l'imagination des enfants en mêlant habilement exotisme et réalisme.
Dans son Cours d'éducation et d'instruction *(Hachette, 1879) Marie Pape-Carpantier choisit par exemple de louer la bravoure des explorateurs au moyen de sous-entendus inquiétants : « Dans certaines régions de l'Afrique, des peuplades d'hommes très ignorants, vivant encore à l'état sauvage, ont des coutumes si féroces qu'ils sont plus redoutables pour les voyageurs que des bêtes féroces elles-mêmes. Plus d'une fois des hommes courageux sont partis pour aller visiter l'intérieur de l'Afrique, un grand nombre y ont péri. Cela vous explique pourquoi cette partie du monde est encore peu connue. »*
D'autres auteurs, tels H. Bellile et V. Girot, dans leurs Leçons de choses géographiques *(librairie Aillaud) se plaisent à détailler les subtilités du cannibalisme : « Un voyageur raconte que, se trouvant au milieu d'une tribu nègre du sud de l'Afrique, il aperçut une quantité de crânes, mâchoires, ossements brisés.*
Un pot placé sur le foyer ayant été découvert, on vit s'élever une main gonflée par la cuisson. »

UN RACISME TRÈS ORDINAIRE

Un racisme très ordinaire jalonne les manuels de géographie, mais il dépasse l'exotisme romantique ou le moralisme étroit. La notion de racisme est en tout cas abordée de manière très singulière à « l'école primaire du siècle ». Dénoncer le racisme, comme synonyme de dénigrement systématique, serait anachronique pour juger certains textes écrits à une époque où un colonialisme bien admis et établi dressait le constat d'infériorité de la « race nègre ». La nomenclature des races répond quant à elle à un empirisme pour le moins fantaisiste. Pour l'exemple, La Géographie enseignée par les yeux *de Lemoine et Marlot (Librairie Le Soudier) distingue quatre races alors que* L'Année préparatoire de géographie *de P. Foncin en répertorie neuf!*

« Le portrait de la laideur »

Faisons le portrait de la laideur. En premier lieu viennent les Hottentots. Petits de taille, lourds, épais, d'un jaune sale foncé, la chevelure crépue aux petites touffes, ils ont les yeux écartés, bridés, à peine visibles, les pommettes saillantes, le nez aplati, une bouche béante avec des lèvres énormes, de grandes oreilles et les traits grimaçants comme les singes. Quant à leurs femmes, c'est incroyable, elles sont encore plus laides...

SOURCE : RAYMOND (pseudonyme de C. JURANVILLE et P. VERGER), *Les Neveux du capitaine Francœur, voyage autour du monde.* Larousse.

Fleurette

Nul ne savait son âge, qu'elle-même ignorait. Onze ans, sans doute, peut-être douze ! Les soldats l'avaient, un soir, trouvée au pied d'une tente ; elle était bien petite, alors. Les braves fantassins avaient recueilli l'enfant, l'avaient adoptée, élevée. Et maintenant elle parlait notre langue aussi bien que la sienne, aussi bien que l'arabe. Car elle était arabe, à n'en point douter, cette fillette brune au teint de cuivre, aux grands yeux noirs ardents et profonds. Arabe de naissance, oui, mais de cœur bien française ! Depuis six ans, elle vivait au milieu de nos tirailleurs, dans ces plaines du Tell, et elle avait appris à les aimer, et à aimer leur patrie. Avec elle, ils étaient si tendres, ces hommes rudes, habitués aux luttes terribles contre les Bédouins du désert ! Ils l'avaient appelée Fleurette ; fleurette, en effet, elle était, et toute jolie sous son burnous rouge – rouge comme le rouge du drapeau...

SOURCE : *Mon journal*, 9 septembre 1899.

Les colonies, pour former le caractère

La IIIe République a reconstitué, en moins de vingt ans, notre empire colonial. Outre notre vieille France européenne, notre domaine comprend aujourd'hui toute une France d'outre-mer, six ou sept fois plus grande, peuplée de trente-cinq à quarante millions d'hommes.

La plupart de nos colonies viennent à peine de naître. Elles coûtent, à cette heure, à la métropole. Elles deviendront pour les Français une source de richesses quand elles seront exploitées. Nous achetons par an pour un milliard de francs de produits tropicaux à l'étranger. Nos colonies peuvent et doivent nous les fournir. Des centaines de millions d'hectares attendent que nous les mettions en valeur. Il importe de préparer nos fils à cette tâche colossale : il faut leur faire connaître nos possessions lointaines et les leur faire aimer comme leur propre patrie [...], il faut enfin, par des exemples probants, réfuter cette erreur funeste qui veut que le Français ne soit pas colonisateur, et inspirer à la jeune génération cette confiance en soi qui fait les peuples forts. [...]

Développer l'intelligence est bien, former le caractère est mieux. Tout en montrant à nos fils une source nouvelle d'activité, d'énergie, nous avons pris soin de les mettre en garde contre un égoïsme brutal qui fait bon marché des droits d'autrui. Nous n'avons eu qu'à leur rappeler notre tradition nationale : bonté envers les faibles, justice dans nos rapports avec les autres peuples, spécialement avec les indigènes de nos colonies. [...]

Puisse la lecture de ce livre détourner un certain nombre de jeunes Français de tant de carrières encombrées, et les orienter vers le commerce, la marine, les colonies.

SOURCE : Eugène Josset, *À travers nos colonies*. Armand Colin.

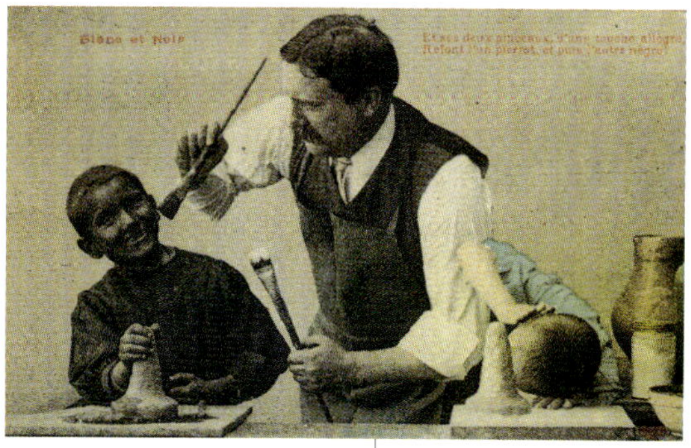

PEINTURE DE CARACTÈRE

Toujours décrits comme laids et peu intelligents dans les livres scolaires, les nègres se prêtent aussi à de curieuses peintures de caractère. C. J. Labor, dans son manuel de Dictées et exercices français *(Garnier frères), les considère comme inconstants : « Les nègres sont gais ou mélancoliques, laborieux ou fainéants, amis ou ennemis, selon la manière dont on les traite. »*
C. Juranville et P. Verger, pour leur part, dans Les Neveux du capitaine Francœur *(Larousse), préfèrent voir en eux de gentils naïfs : « Le nègre est un grand enfant, tout à l'impression du moment, et absolument esclave de ses passions. Vaniteux à l'excès, il aime les parures bizarres et éclatantes.*
La paresse, l'insouciance, la légèreté, la superstition du nègre sont les causes de son infériorité.
Pour les Noirs, tout est dieu... »

LES BLANCS, À LA TÊTE DE L'HUMANITÉ

Le constat d'infériorité de certaines races demeure bien sûr à l'avantage des « Blancs ». Pour le démontrer, certains auteurs se livrent à des analyses comparatives afin de permettre de mieux apprécier la différence.
Les « trois races principales » que présente André Grégoire dans son ouvrage Notions de géographie *(Garnier frères, 1906) se prêtent ainsi à une description saisissante : « Les peuples de la race blanche se distinguent surtout par leur activité intellectuelle, leur esprit d'entreprise, leur amour du progrès; ils se sont placés à la tête de l'humanité. [...] Plusieurs des peuples jaunes sont arrivés, comme les Chinois, à une civilisation assez élevée; mais cette civilisation est toute matérielle; elle reste stationnaire et à une distance infinie de la nôtre; c'est une demi-civilisation. [...] Les peuplades nègres n'ont jamais dépassé les premiers rudiments d'une civilisation grossière; elles sont encore plongées dans la barbarie. »*

VICTOR HUGO PASTEUR
Et vivre
pour soi
mieux vaut
ne pas vivre.

Chérir la patrie

« *Il y aura chaque jour une leçon qui, sous la forme d'entretien particulier [...], sera consacrée à l'instruction morale.* »

Arrêté du 27 juillet 1882.

La fameuse leçon de morale que les « hussards noirs de la République » dispensaient avec solennité chaque matin devant le tableau noir renferme toute la nostalgie de l'école communale. Et aussitôt renaît l'éternelle controverse : l'école doit-elle éduquer en plus d'instruire ?

Dans son discours d'ouverture du congrès des instituteurs de France, le 19 avril 1881, Jules Ferry tranche la question dans le vif : « L'enseignement moral se dégagera de tout ce qu'on voit, de tout ce qu'on entend, [...] de cette intimité intellectuelle de tous les instants qui doit se former entre vous et vos élèves. C'est au prix de cette intimité que vous êtes quelque chose de plus que des maîtres, des professeurs, des instituteurs, et que vous devenez des éducateurs, dans la plus haute acception du mot. »

Derrière cette exhortation, République et morale ont partie liée. La leçon de morale démontrera toute la pureté de la République ; la République donnera toute sa légitimité à la leçon de morale.

La République a donc choisi l'école pour creuset. Et la leçon de morale sera le puissant vecteur idéologique qui enracinera la République dans les esprits. Certes, la leçon de morale enseigne à l'écolier la différence entre le bien et le mal. Mais cette fonction pédagogique dissimule aussi une mission politique : modeler l'esprit de l'enfant pour former le jugement du futur citoyen, substituer à la parole de l'Église un « catéchisme républicain », au moment où une conspiration du clergé et des partis monarchistes risque encore d'ébranler la jeune République. Pour déjouer cette menace, Jules Ferry fait de l'école laïque l'instrument d'intégration cimentant la République.

Si la IIIe République a choisi l'école pour creuset, l'école a dû bien sûr puiser dans la « mystique républicaine » tout le contenu de la morale qu'elle distille. Une morale austère qui montre aux garçons le portrait du bon citoyen/bon soldat, qui prépare les filles à leur rôle de bonne épouse/bonne mère. Une morale exigeante qui loue les vertus du travail, de l'épargne, de la persévérance. Une morale orientée qui invite à la docilité, à l'abnégation, comme pour « rendre convenable, polie, résignée, la misère physique et morale ».

C'est ainsi que Léon Frapié, dans son roman *La Maternelle*, pointe du doigt toute l'ambiguïté de la leçon de morale : morale civique-morale cynique... L'idéal républicain qui anime l'école laïque peut-il vraiment s'accommoder de cette suspicion compromettante ?

LA MORALE,
FIL D'ARIANE

La leçon de morale est le premier instant de la journée, et aussi le moment le plus fort. Elle sert même de fil conducteur aux autres matières : « L'éducation morale » développe le bien-fondé des règles élémentaires de la civilité, et ponctue la plupart des exercices écrits ou oraux, dictées, rédactions, lectures et récitations. « L'instruction civique » transpose la morale sur le terrain si quotidien et concret du citoyen modèle. Un résumé en est la conclusion : il faut l'apprendre par cœur. Une maxime en est la quintessence : elle interroge et imprime la conscience !

« Tu seras citoyen »

Une certaine « idée de la France »

La connaissance de la patrie est le fondement de toute véritable instruction civique. [...]

Pour frapper l'esprit de l'écolier, il faut lui rendre la patrie visible et vivante. [...]

En groupant ainsi toutes les connaissances morales et civiques autour de l'idée de la France, nous avons voulu présenter aux enfants la patrie sous ses traits les plus nobles, et la leur montrer grande par l'honneur, par le travail, par le respect profond du devoir et de la justice.

SOURCE : G. BRUNO, *Le Tour de la France par deux enfants*. Préface. Belin, 1877.

« La probité est le luxe de la pauvreté. »
« La vanité est l'orgueil des petits. »

Cf. J. DUTILLEUIL, A. RAME, *La Leçon hebdomadaire*. Cours préparatoire. Librairie Maché-Guédon.

Un code déontologique

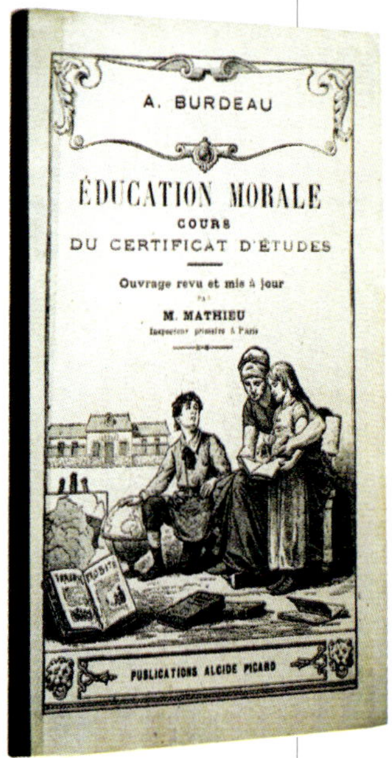

Au moment de proposer aux élèves un précepte, une maxime quelconque, demandez-vous s'il se trouve à votre connaissance un seul honnête homme qui puisse être froissé de ce que vous allez dire.

Demandez-vous si un père de famille, je dis un seul, présent à votre classe et vous écoutant, pourrait de bonne foi refuser son assentiment à ce qu'il vous entendrait dire. Si oui, abstenez-vous de le dire ; sinon, parlez hardiment...

SOURCE : JULES FERRY, *Lettre aux instituteurs*. 17 novembre 1883.

« Quand on n'a pas ce que l'on aime,
Il faut aimer ce que l'on a. »
« Il faut tout sacrifier au devoir
et ne sacrifier le devoir à rien. »

Cf. D. BONNEHON, P. E. TURGAN, *Lectures choisies, prose et poésie*. Bricon, 1900.

Réfractaire à la morale

Cette année on m'a abonné à un journal qui s'appelle *Le Saint-Nicolas*. Il arrive tous les jeudis comme un vrai journal de grandes personnes, enveloppé dans une couverture en papier de soie, sur lequel sont écrits mon nom et mon adresse. [...]

Il y a beaucoup à lire dans ce journal, mais toutes les pages ne valent pas la peine d'être lues. Si je vois écrit « morale en action », ou quelque chose de ce genre, je regarde vite une autre page : la lecture n'est pas faite pour donner des conseils, j'ai pour cela mes parents, grand-mère, Kobl, et Mme Isidore, les autres personnes je ne les écouterais pas ; un livre ou un journal n'ont pas à m'encourager à la sagesse, ni à me citer en exemple des enfants à qui, pour rien au monde, je ne voudrais ressembler tellement ils devaient être bêtes et laids.

SOURCE : Lucien Daudet, *L'Âge de raison.*

« Aimez votre condition, il est rare que l'on gagne au changement. »

Cf. Delapierre, de Lamarche, *Exercices de mémoire.* Cours moyen. Rocherolles, 1913.

POUR LA GRANDEUR DE LA FRANCE

Le comportement modèle que prêche quotidiennement la leçon de morale n'ouvre aucune perspective de promotion sociale. Bien au contraire, elle conforte le futur citoyen à garder son rang pour travailler, avec abnégation, à la prospérité de la France.
Le célèbre manuel scolaire d'Émile Ganneron, « Tu seras citoyen » (Armand Colin), cerne clairement l'enjeu patriotique de la leçon morale et d'instruction civique :
« À côté de ces hommes exceptionnels devant lesquels chacun s'incline, il y a place dans une nation pour des citoyens plus modestes qui, en accomplissant leurs devoirs avec zèle et fidélité, rendent de si éminents services à la société.
C'est du nombre de ces citoyens que dépendent la grandeur et la prospérité d'un pays et nous serions bien récompensés de nos efforts si la lecture de notre livre pouvait réussir à l'augmenter dans notre France bien-aimée. »

LA MORALE, UN CATÉCHISME RÉPUBLICAIN

Cette morale exigeante, intransigeante, qui cultive la valeur du travail et le sens du devoir accompli, qui exhorte à la sobriété et à la vertu, qui prône la prévoyance et la persévérance, procède-t-elle d'une neutralité innocente ?
Pour les uns, elle est l'instrument idéal de soumission et de résignation sociales. Pour les autres, elle montre la voie royale de la purification et de l'élévation des consciences.
L'école de la République reprend donc à son compte l'ambiguïté du catéchisme, et confère à la leçon de morale une mission consensuelle œuvrant à l'unité de la nation.
Dans la préface de Francinet *(Belin) G. Bruno souscrit sans réserve à cette directive :*
« Conformément aux récentes instructions qui recommandent de n'introduire dans l'enseignement moral des écoles que les idées sur lesquelles tout le monde est d'accord, nous avons retranché tout mot qui eût pu donner lieu à controverse. La concorde et la paix ne sont-elles pas les premiers des biens pour notre pays ? »

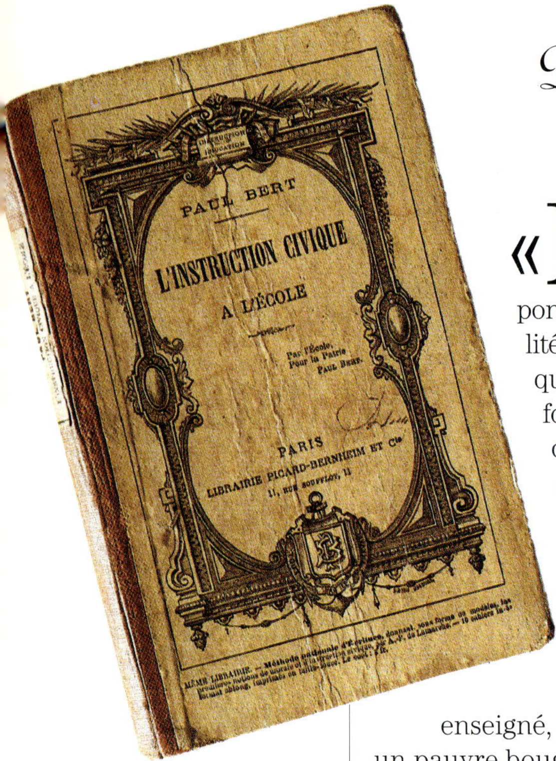

Droit chemin et fausse piste

« Mes enfants, les proverbes que vous voyez au mur de cette classe correspondaient peut-être jadis à une réalité disparue. Aujourd'hui on dirait qu'ils ne servent qu'à lancer la foule sur une fausse piste, pendant que des malins se partagent la proie ; si bien qu'à notre époque le mépris des proverbes c'est le commencement de la fortune... »

Si tes professeurs avaient eu la moindre idée des réalités, voilà ce qu'ils t'auraient enseigné, et tu ne serais pas maintenant un pauvre bougre.

SOURCE : Marcel Pagnol, *Topaze*.

LES VRAIES VALEURS DE LA FRANCE

Si l'école ne remplit plus à présent son rôle d'intégration, n'est-ce pas parce qu'elle a renoncé à imposer la primauté des valeurs républicaines que distillaient les leçons d'instruction civique ? Jadis, l'école était le tremplin d'une République conquérante pour rallier les esprits à son ambition communautaire. Aujourd'hui, ne serait-elle pas devenue le « sanctuaire » d'une République timorée qui abdique pour apaiser les tensions ?

« Qui vit content de peu possède toute chose. »
« Qui borne ses désirs est toujours assez riche. »

Cf. Jules Steeg, *Les Dangers de l'alcoolisme*. Nathan, 1896.

N'épargnez pas ! achetez...

À l'époque, la politique officielle voulait que l'on apprenne aux enfants à épargner. Je me rappelle m'être violemment opposé à ça en pleine conférence, j'ai dit que je refusais de donner aux gosses des leçons d'épargne.

Je l'ai refusé non seulement en mon nom, mais aussi au nom des instituteurs en général dont beaucoup étaient des partisans du « bas de laine ». Ici, c'était le principe admis, dès qu'un malheureux avait quatre sous il courait les placer à la caisse d'épargne... Ils donnaient dix francs, puis vingt, puis trente, à dix ans il fallait que les enfants aient un carnet et à l'école déjà on leur demandait de verser deux sous par semaine à la mutuelle. Pour moi, c'était un crime que de se taire, que de ne pas leur dire qu'avec l'inflation tout ce que l'on donne à l'État devient bon à jeter à la poubelle. Sur ce point, j'étais intraitable, je leur disais : « Ne mettez jamais un sou à la caisse d'épargne, n'achetez jamais des emprunts, prenez le peu d'argent que vous avez et achetez tout ce qui est nécessaire pour votre bien-être, équipez-vous, installez-vous mais ne donnez jamais un centime au gouvernement. »

SOURCE : Émilie Carles, *Une soupe aux herbes sauvages*. LGF, 1979.

« Mieux vaut vivre maigrement dans la vertu que brillamment dans le vice. »

Cf. E. Cuissart, *Deuxième Degré de lectures courantes*. Cours élémentaire et moyen. Picard, 1887.

CASSER SA TIRELIRE

« Petits garçons et petites filles, vous savez ce qui se passe dans l'Afrique du Sud. [...]
Il y a là-bas chez les Boers des enfants comme nous, il y a des mères comme les nôtres, et notre main tremble en vous écrivant, et nos yeux sont pleins de larmes. Pauvres petits enfants boers ! Les plus petits sont morts les premiers. Il en est tant morts que dans ces cimetières qu'on appelle des camps de reconcentration il n'y a plus aujourd'hui un seul bébé au-dessous de cinq ans.
Unissez-vous à nous, tous, toutes, de tous les pays du monde, d'Europe et d'Amérique ! Il faut envoyer le plus vite possible argent, vêtements, vivres, médicaments. Nos mères se chargent de tout faire parvenir. Hâtons-nous : la mort n'attend pas ! [...]
Brave petit écolier, sois remercié au nom de ceux qui souffrent ! Ton obole vaut un trésor. Elle vient du cœur ! »

SOURCE : Le petit Parisien, *12 janvier 1902.*

Sans les impôts, le chaos...

Si l'on supprimait d'un coup tous les impôts et tous les services qu'ils rendent, ce serait une destruction de toutes choses et une désolation universelle. On se dépêcherait de les rétablir.

Voyez-vous, il n'y a que les sauvages qui ne paient pas d'impôts, mais ils vont tout nus, couchent en plein air, sont à moitié idiots, mangent quand ils peuvent, et le plus fort assomme les autres, sans se soucier des réclamations. Mais une réunion de braves gens, travailleurs, intelligents et économes, une société civilisée, comme on dit, ne peut exister sans impôts.

SOURCE : PAUL BERT, *L'Instruction civique à l'école. Causerie du maître avec ses élèves.* Librairie Picard-Bernheim et Cie, 1882.

L'AMOUR DE LA PATRIE, INNÉ OU ACQUIS ?

Dans une même effusion de beaux sentiments, les manuels scolaires de la IIIe République s'emploient à éveiller la fibre patriotique de l'écolier, futur citoyen-soldat. Jules Bailly et Constant Dodey, auteurs de La Morale pratique de l'écolier *(Librairie Le Soudier, 1895), vont jusqu'à démontrer a contrario que le sentiment patriotique relève plus de l'inné que de l'acquis : « Le cosmopolitisme est la manière de vivre du citoyen qui regarde l'univers comme sa Patrie. [...] Si l'on nie la Patrie, comment expliquer les souffrances de l'exilé ? »*

« Tu seras soldat »

« Nous sommes les petits soldats
Du bataillon de l'Espérance,
Nous exerçons nos petits bras
À venger l'honneur de la France. »

H. CHANTEVOINE, *Les Enfants.*

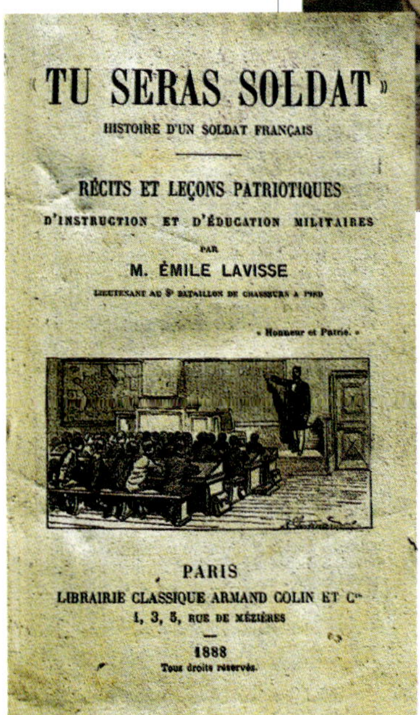

L'impôt du sang

Il nous a paru que la gravité de l'heure présente créait une obligation nouvelle envers les enfants de nos écoles [...].
Tant de vies héroïquement données pour défendre la patrie ; tant d'autres qui se donnent chaque jour encore, ne créent-elles pas des devoirs à ceux qui restent ? Ces devoirs, il est nécessaire que tous les connaissent pour n'y jamais manquer. [...]

Nos enfants doivent apprendre à honorer, à envier les nombreuses familles, celles qui, à cette heure, paient triplement l'impôt du sang et qui, la guerre finie, auront encore de jeunes bras pour travailler à réparer les pertes de la patrie, alors que les foyers stériles resteront vides et inutiles.

SOURCE : G. BRUNO, *Le Tour de l'Europe pendant la guerre.* Belin, 2e éd., 1916.

Le service militaire, un devoir sacré

En expliquant la noble mission de l'armée, en prouvant son utilité, sa nécessité, en racontant les exemples de discipline et de dévouement donnés par ses officiers et ses soldats, j'ai voulu apprendre aux enfants à l'aimer et les préparer à bien remplir un devoir sacré, le service militaire.

Pour dire enfin ma pensée, je voudrais que dans toutes les écoles de France, l'instituteur répétât souvent à chacun de ses élèves les mots que j'ai inscrits en gros caractères en tête de ce modeste petit livre : Tu seras soldat.

SOURCE : ÉMILE LAVISSE, *Tu seras soldat. Histoire d'un soldat français.* Armand Colin, 2e éd., 1888.

HONNEUR PATRIE

QUAND TU SERAS SOLDAT !

SÉRIE INSTRUCTIVE
RECOMMANDÉE POUR LES ÉCOLES

SERVICE D'EXPLORATION

Dès le début des opérations, des escadrons de découverte sont lancés dans la direction de l'ennemi fournissent les premiers renseignements sur les positions et les mouvements de l'adversaire

N° 17

Librairie-Papeterie Félix REY, Dijon

UN APPARAT COMMUNAL

Un drapeau est remis à chaque bataillon scolaire. Ce pavillon vient chaque année honorer l'unité la plus méritante. Cet apparat est très apprécié par les municipalités qui sollicitent souvent les bataillons scolaires pour l'animation de leurs fêtes officielles : les communes prennent ainsi en charge les frais d'équipement de ces bataillons, notamment la vareuse et le béret composant l'uniforme.

Cinq ans pour préparer un soldat

On disait dans le temps qu'il fallait sept ans pour préparer un soldat. On s'est rabattu à cinq ans ; il y en a même qui disent qu'il suffit de trois ans ; moi, je suis sûr que cela serait assez pour vous, mes enfants, parce que vous savez déjà faire l'exercice et manier les petits fusils que le conseil municipal vous a donnés.

SOURCE : PAUL BERT, *L'Instruction civique à l'école.* Librairie Picard-Bernheim et Cie, 1882.

« L'ARMÉE DE L'AVENIR »

Convaincus que le désastre militaire de Sedan (1870) est imputable à l'infériorité de l'instruction militaire, et même à la médiocrité de l'éducation, les républicains se rangent enfin à l'idée d'une armée forte, issue du peuple.
C'est dans cette ferveur patriotique recouvrée que le décret du 6 juillet 1882, signé par Jules Ferry, porte création de bataillons scolaires dans les écoles comptant de deux cents à six cents élèves de douze ans.
De Paris, l'institution des bataillons scolaires s'est répandue en France. Elle sera bientôt dans toutes les écoles. Un décret du président de la République, du 6 juillet 1883, lui donne un caractère légal. L'œuvre va passer à l'état d'institution nationale.
L'instruction militaire, la gymnastique, tous ces exercices développeront les forces physiques des enfants, les prépareront à la vie de citoyens et de soldats et feront passer dans leur âme l'âme de la patrie.

E. CUISSART, *Deuxième Degré de lectures courantes*.
Librairie Picard.

Hymne à la France

Ceux qui pieusement sont morts pour la
[patrie
Ont droit qu'à leur cercueil la foule vienne
[et prie.
Entre les plus beaux noms, leur nom est le
[plus beau :
Toute gloire, près d'eux, passe et tombe
[éphémère ;
Et comme ferait une mère,
La voix d'un peuple entier les berce en
[tombeau !

Gloire à notre France éternelle !
Gloire à ceux qui sont morts pour elle !
Aux martyrs ! aux vaillants ! aux forts !
À ceux qu'enflamme leur exemple,
Qui veulent place dans le temple,
Et qui mourront comme ils sont morts !

VICTOR HUGO.

SOURCE : E. DEVINAT, *Livre de lecture et de morale*.
Larousse, 3e éd., 1895.

GRANDEUR ET DÉSUÉTUDE
Le nombre restreint des garçons fréquentant l'école après l'âge de douze ans, la sensibilité pacifiste des instituteurs, la réticence grandissante des communes à poursuivre l'entretien matériel des bataillons scolaires eurent raison de cette institution. Former des futurs citoyens aguerris pour permettre la reconquête de l'Alsace et de la Lorraine : la grande mission assignée à ces bataillons était-elle vraiment adaptable au tempérament français ? La rapide désuétude de cette « œuvre patriotique » répond à la question.

Des rites délaissés

Dessin pour les garçons, couture pour les filles, l'école observe le rite bien ordonné de la séparation des sexes. La photo de classe dans la cour de l'école, la distribution des prix, le grand jour des vacances, tous ces rythmes de jadis ont façonné un mythe de l'école communale que seule la nostalgie nous rend accessible.

chere maman
chere
chere
chere Maman
maman
Emilie Robida

Le partage des vocations

« Tout exercice manuel doit exercer l'œil et la main de l'enfant, en même temps que son attention, son intelligence, son goût et son adresse. »

RENÉ LEBLANC,
inspecteur général de l'Instruction publique,1882.

À l'école de la République, le travail manuel ne confond pas les genres masculin et féminin. Tel un rite hebdomadaire organisé avec minutie, il initie les garçons à l'intelligence des mains, et apprend aux filles les « soins du ménage ».

L'instruction publique installe ainsi la tradition dans le moule étroit de son ambition. Au genre masculin, il importe de combattre un vieux préjugé, celui de l'infériorité du travail manuel ; au genre féminin, il convient de former de futures épouses idéales.

Gribouiller, peindre et dessiner stimulent certes l'imagination créatrice ; mais l'enseignement primaire du début du siècle était-il si imprégné des vertus psychopédagogiques qu'on lui prête aujourd'hui ? Rien n'est moins sûr.

Dans le système de la classe unique où se côtoient petits et grands, le dessin offre au maître un remède salutaire contre la promiscuité. Pour permettre aux grands de travailler, on laisse aux petits la liberté de dessiner. Le dessin est donc plus une occupation commode qu'une discipline artistique.

L'éducation ménagère ne doit quant à elle rien laisser au hasard. Plus qu'un garçon, une jeune fille doit être adroite de ses mains. L'avenir même de la République en dépend : il faut briser l'emprise séculaire que l'Église exerce sur l'éducation des filles.

Comme pour achever l'œuvre législative de Victor Duruy – imposant, sans trop de succès, en 1867, la création d'une école de jeunes filles dans toutes les communes de plus de cinq cents habitants « sous la responsabilité des municipalités » –, la République partage sans nuance les vocations.

L'instruction en tête des programmes du 27 et 28 juillet 1882 établit clairement que « l'école primaire peut et doit [...] préparer, prédisposer, en quelque sorte, les garçons aux futurs travaux de l'ouvrier et du soldat, les filles aux soins du ménage et aux ouvrages de femme ».

L'école de la République s'emploie donc à bien séparer les rôles : une place pour chacun et chacun à sa place.

L'enseignement ménager ne dispense pas seulement une éducation, il prépare l'écolière à sa fonction sociale : bonne fille, bonne épouse, bonne mère, elle sera avant tout ménagère, couturière et cuisinière. L'école ne se trompe jamais, le bonheur se trouve bel et bien au foyer...

Le dessin, école de soins

DES EXERCICES RÉBARBATIFS

Le dessin se veut d'abord une école d'attention, d'application et de soin. Copie de figures géométriques, coloriage de motifs imprimés par tampon encreur, dessin à main levée sont des exercices rébarbatifs qui ne laissent guère la place à la création artistique...

UN PLAISIR ABORDABLE

Avec toute sa spontanéité, l'écolier se plaît à peindre et colorier. Au début du siècle, le crayon de couleur demeure l'outil le plus maniable, et le plus abordable, car une boîte contenant six couleurs pour l'aquarelle est un luxueux cadeau de Noël.

Mille prétextes pour se lever

Leçon de dessin, sous la direction de Mlle Aimée de Lanthenay. « Reproduction linéaire d'un objet usuel. » Cette fois, c'est une carafe taillée que nous devons dessiner, posée sur le bureau de mademoiselle.

Toujours gaies, ces séances de dessin, parce qu'elles fournissent mille prétextes pour se lever ; on trouve des « impossibilités », on fait des taches d'encre de Chine partout où le besoin ne s'en fait pas sentir. Tout de suite, les réclamations commencent. J'ouvre le feu :

– Mademoiselle Aimée, je ne peux pas dessiner la carafe d'où je suis, le tuyau de poêle me la cache ! [...]

– Mademoiselle, continue Anaïs, je ne peux pas du tout voir le modèle, parce que la tête de Claudine est devant ! [...]

À Marie Belhomme, maintenant. Elle gémit :

– Mademoiselle, je n'ai plus de fusain, et puis la feuille que vous m'avez donnée a un défaut au milieu, et alors je ne peux pas dessiner la carafe.

– Oh ! grince Mlle Sergent, énervée, avez-vous fini, toutes, de nous ennuyer ? Voilà une feuille, voilà du fusain, et maintenant, que je n'entende plus personne, ou je vous fais dessiner tout un service de table !

SOURCE : Colette, *Claudine à l'école*. Albin Michel, 1982.

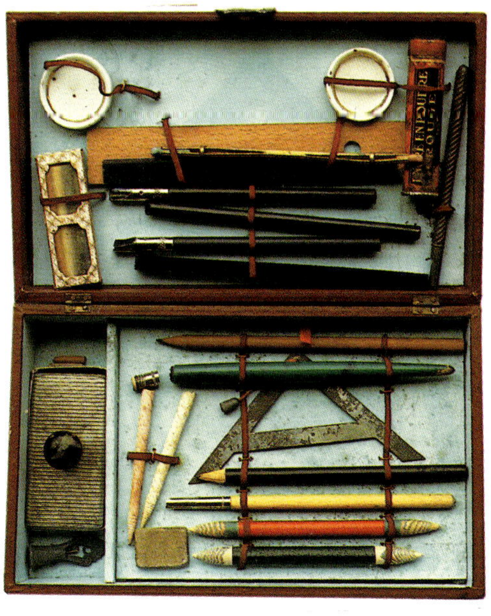

Des artistes généreux

Sur les feuilles de papier blanc, les amphores apparaissent, les unes trop grandes, les autres trop courtes, pansues comme des outres gonflées de vin ou allongées comme le fameux vase dans lequel la cigogne, en rusée commère, plaça le festin qu'elle devait partager avec maître renard.

Cependant, la mie de pain et les gommes vont leur train ; on efface, on efface, on recommence, et on efface encore ; ça devient de la rage ; un coup de gomme donné trop fort plie le papier, l'artiste a un geste de désespoir et, avec la paume de la main, cherche à réparer l'accident. Les têtes se courbent ; les figures, tout à l'heure si fraîches, se colorent, les lèvres se crispent, les yeux si doux se fixent durement sur l'amphore impassible et cherchent à lui arracher son secret.

Et, de plus en plus, les feuilles de papier blanc noircissent ; les aspirantes sont en train d'ombrer leurs dessins. Elles font généreusement les choses, soyez tranquilles ; on a beau leur dire qu'on n'exige pas d'elles un « dessin fini », qu'on leur demande surtout de chercher le caractère de l'objet qu'elles ont à représenter ; peine perdue ! Elles se sont fourré dans la tête qu'on recevait de préférence les dessins finis et qu'un dessin était fini quand il était bien « ombré » ; allez donc les faire changer d'avis !

SOURCE : Alexis Lemaistre, *Nos jeunes filles aux examens et à l'école*. Firmin-Didot et Cie, 1891.

UNE ŒUVRE MISSIONNAIRE

L'école de la République ne laisse rien au hasard pour accomplir son œuvre missionnaire : enseigner le dessin, c'est aussi éveiller le peuple au raffinement et à l'esthétisme bourgeois. L'article premier de la loi du 28 mars 1882, édictant les matières obligatoires à enseigner, se borne néanmoins à ne prescrire que « les éléments du dessin ». Une précaution pudique pour inciter les instituteurs à ne pas s'attarder sur une discipline beaucoup moins fondamentale que les autres.

La science du ménage

« Vous ne serez pas toujours enfants ; la grammaire, l'histoire, la géographie ne seront plus votre unique occupation ; et la science qui vous aidera plus tard à vous conduire avec prudence et sagesse, c'est la science du ménage. »

CLARISSE JURANVILLE, *Le Savoir-Faire et le savoir-vivre à l'usage des jeunes filles.* Larousse.

LA COUTURE TISSE L'AVENIR

La couture occupe une place cruciale à l'école primaire du début du siècle. Cet exercice de style, requérant soin et goût, remplit une fonction sociale majeure puisqu'il apprend à la jeune fille son futur rôle de ménagère, d'épouse et de mère.

L'aiguille, une amie intime

Le travail à l'aiguille joue un grand rôle dans l'existence de la femme ; c'est à peu près le seul qui lui soit exclusivement réservé. À la jeune fille pauvre, à l'ouvrière, il permet de gagner honorablement sa vie. À la mère de famille, il fournit le moyen de faire des économies multipliées. Enfin, à la femme favorisée des biens de la fortune, il offre une distraction agréable, un passe-temps précieux et lui permet d'être utile aux pauvres et de leur venir délicatement en aide.

Pour toutes, en un mot, l'aiguille est une amie intime, souvent le soutien du ménage et toujours l'auxiliaire indispensable de la charité. Elle remplit les heures de solitude, combat l'ennui, favorise les bonnes œuvres et, au besoin, lutte contre la misère.

SOURCE : CLARISSE JURANVILLE, *Le Savoir-Faire et le savoir-vivre à l'usage des jeunes filles.* Larousse, 3e éd., s. d.

UNE « MARQUE » POUR CHEF-D'ŒUVRE

La « marque » symbolise à elle seule l'épreuve de couture à l'école primaire du début du siècle. Ce tissu carré, portant avec des lettres de l'alphabet le nom et le prénom de l'élève, est l'ouvrage emblématique de la future ménagère modèle. Il signe l'initiation à l'entretien du trousseau, et la consécration du savoir-faire domestique.

Éloge du rapiéçage

Au lustre somptueux du pardessus de fourrure qui sort tout neuf du magasin en vogue, je préfère la poésie du bourgeron usé mais raccommodé par la femme parce que celui-ci est embelli des nobles traces d'une âme héroïque.

SOURCE : A. MOLL-WEISS, *Le Manuel du foyer domestique ; cours pratique d'économie domestique.* Armand Colin, 1923.

Raccommodage

Un inspecteur de l'Instruction primaire, visitant une école de son ressort, arriva au moment où les jeunes filles s'occupaient des travaux à l'aiguille. Une élève faisait de la tapisserie ; la maîtresse l'appela, afin qu'elle montrât son travail. Comme elle quittait la place qu'elle occupait dans le banc, l'inspecteur s'aperçut qu'elle portait des bas troués. Il prit la tapisserie, l'examina et la rendit à la jeune fille en lui disant : « C'est fort bien, mais j'aurais mieux aimé vous voir entre les mains une paire de bas qui auraient besoin d'être raccommodés... »

SOURCE : Mmes Fredel et Toudy, *L'Éducation maternelle et ménagère à l'école*. Nathan, s. d.

Les mille petits soins du ménage

Quoi de plus désolant que de voir la mère de famille abandonner tous les jours sa maison pour aller gagner deux ou trois francs dans une usine !

Elle ne calcule pas ce qu'elle perd d'un autre côté, en mettant ses enfants en garde, en achetant des aliments tout préparés, toujours coûteux ; en obligeant son mari à prendre ses repas chez le marchand de vin. [...]

Et au point de vue moral, quel désastre que ce foyer abandonné, ces enfants livrés au hasard de la rue !

Quand le père rentre le soir de son travail, il trouve le logis froid, en désordre, pas de souper de préparé, rien qui charme et attire. Quelle tentation alors pour lui d'aller chercher un peu plus de bien-être au cabaret !

Que les jeunes filles se pénètrent donc bien de cette idée : qu'il n'est pas inutile d'apprendre à faire la cuisine, à coudre, à nettoyer, à savoir bien régler sa dépense.

C'est avec ces mille petits soins du ménage, si humbles en apparence, qu'elles créeront plus tard un intérieur heureux et paisible, et deviendront véritablement ce que doit être la mère de famille, l'âme du foyer.

SOURCE : Mlle Darcy, *Petit Cours d'enseignement ménager*. Librairie Emmanuel Vitte, 1903.

LA PERFECTION AU FÉMININ

La « science du ménage » que dissèquent méthodiquement les livres scolaires du début du siècle procède moins de l'enseignement que du conditionnement :
– le ton protecteur des leçons entretient l'infériorité bien admise du sexe faible ;
– l'idéal de renoncement et d'abnégation ruine tout espoir d'émancipation ;
– le goût de l'accomplissement donne l'illusion de l'épanouissement.
Et ce rituel pédagogique exalte à merveille l'idéal de la perfection au féminin...

Quand le mari fait la grimace...

Il y a cinq ou six ans, vous trouviez très amusant de jouer au ménage ; vous faisiez la cuisine de vos poupées.

Lorsque vous serez grandes et mères de famille, vous tiendrez un vrai ménage et vous ferez la cuisine... pour d'autres que pour les poupées. Ce sera beaucoup plus difficile. Les poupées ne se plaignent pas, quand le dîner est mal réussi. Le mari sait très bien faire la grimace, quand sa femme lui sert un mauvais plat. [...]

Pour peu que cela dure, il ne tardera pas à prendre le parti d'aller manger au cabaret.

SOURCE : R. E. Chalamet, *La Première Année d'économie domestique à l'usage des écoles de filles.* Armand Colin, 18e éd., 1899.

La bonne cuisinière

La bonne cuisinière est parfaitement propre et très active. Elle est matinale, mais elle ne sort jamais de sa chambre, le matin, sans avoir achevé sa toilette. Elle n'est pas, sous ce rapport, comme il y en a quelques-unes qui se peignent dans la cuisine tout en préparant les mets qui composeront le déjeuner et sans se soucier des cheveux qu'elles peuvent semer partout. [...]

Quoiqu'elle se lève de bon matin, elle est toujours une des dernières couchées à la ferme ; et elle ne se met jamais au lit sans que sa cuisine soit en ordre, bien nettoyée et bien rangée.

Elle ne trempe pas le bout de son doigt dans les sauces pour les goûter, comme cela se pratique encore dans de sales cuisines, mais elle se sert d'une cuillère en bois.

Elle est pour l'heure des repas d'une ponctualité rigoureuse. Elle sait tirer parti de tout, et tout ce qui passe par ses mains et ses casseroles est appétissant. Il y en a beaucoup qui, avec des surabondantes provisions, qu'elles gaspillent, ne font rien qui vaille. Elle sait, avec peu, faire des choses excellentes.

SOURCE : Louis Eugène Bérillon, *La Bonne Ménagère agricole.* Auxerre, imprimerie A. Gallot, 5e éd., 1878.

La femme, « gardienne du foyer »

À l'heure où le père ou l'époux rentre chez lui, après avoir passé sa journée en dehors, il faut que le foyer soit pour lui l'abri où l'on se repose. Les enfants criards, les querelles domestiques, les bonnes qu'on gronde, les visites tardives, qui font reculer l'heure du repas, tout cela doit être épargné à l'homme fatigué qui a besoin de calme.

Aux femmes qui se plaignent d'être délaissées et de passer leurs soirées seules, on peut répondre presque à coup sûr que c'est leur faute. Elles n'ont pas su rendre le foyer plus cher au mari que tout autre lieu.

SOURCE : Henry Greville, *Instruction morale et civique des jeunes filles.* Weill et Maurice, 22e éd., 1884.

Les proverbes du ménage

Celui qui ne se lève pas assez tôt est tout le jour en retard pour ce qu'il doit faire.

Un jour en vaut trois pour qui fait chaque [chose en son temps.

Une maison mal tenue est une maison [perdue.

Grasse cuisine a pauvreté pour voisine.

Le velours et la soie éteignent le feu [de la cuisine.

Les bijoux sont la dernière chose qu'on achète et la première chose [qu'on vend.

Allez vous coucher sans manger, plutôt que vous lever avec des [dettes.

Mauvaise marchandise n'est [jamais bon marché.

L'habit rapiécé fait honneur à la femme de celui qui [le porte.

Il vaut mieux raccommoder un jour que de [filer un an.

SOURCE : Mlle E. Wirth et Mme E. Bret, *Premières Leçons d'économie domestique.* Hachette, 6e éd., 1897.

ANNÉE SCOLAIRE 1914-1915
ÉCOLE de Jeunes Filles
Groupe du Centre - Pierrefitte (Seine)
COURS Supérieur DIVISION
PRIX d' Excellence
Décerné à Potin Charlotte
PATRIA
« ... La France représente aujourd'hui, une fois de plus,
devant l'univers, la Liberté, la Justice et la Raison.
HAUT LES CŒURS et VIVE LA FRANCE ! »

Classement et couronnement

« *Nous ne venons pas à l'école seulement pour nous instruire, mais pour devenir les meilleurs.* »

E. Primaire, *Manuel d'éducation morale, civique et sociale*. Librairie d'éducation.

La distribution des prix et l'examen du certificat d'études poussent les élèves à la performance, le classement et le couronnement célébrant chacun l'excellence.

En couronnant l'enfant « sans fortune ni rang », l'école publique montre qu'elle ne veut rien céder aux inégalités héritées ou imposées. La seule hiérarchie doit être celle des aptitudes et des talents. Tout naturellement, le classement légitime une « méritocratie républicaine » qui repose sur une règle absolue : valoriser l'effort individuel et taire les appartenances particulières.

Le mérite, comme la récompense, est à la portée de chaque élève, pour peu qu'il s'en donne la peine. Sur ce principe, la solennelle distribution des prix devient une grande messe laïque qui s'enracine dans le folklore scolaire. Le rite est si bien installé par la IIIe République qu'un arrêté du 21 juin 1909 viendra officiellement l'instituer, suivi d'une circulaire d'application qui réglementera le protocole de la cérémonie.

Dans un même souci de codification, l'arrêté du 29 décembre 1891 oriente tout le travail scolaire sur l'objectif du certificat d'études primaires, diplôme qui s'imposera comme une caution officielle pour recruter les candidats aux postes de l'administration.

Le certificat d'études primaires transporte aussi une rude et saine émulation dans les campagnes, où les villages se disputent les plus forts pourcentages de reçus et surtout l'auréole du « premier de canton ».

Entre 1901 et 1914, seulement un quart des élèves atteint la fin de la scolarité ; et le certificat d'études ne sera accessible à la moitié des écoliers de France qu'en 1936. Synonyme de couronnement et d'aboutissement pour les lauréats, le certificat d'études est pour la République un précieux outil de hiérarchisation sociale, indépendante du pouvoir de l'argent ou de l'influence des castes. Parmi les écoliers, il y aura désormais les « certifiés » et les autres... Une sélection par le mérite jette donc les bases d'une société où triomphera enfin l'égalité des chances, puisque seul le travail sera l'arbitre impartial des rivalités.

LA FORCE DES SYMBOLES

Pareillement nourrie de positivisme et d'humanisme, la laïcité militante de la IIIe République entretient une intelligence certaine avec la franc-maçonnerie. Les symboles maçonniques que recèle ce diplôme d'excellence soulignent avec complaisance la prétention allégorique du dessin...
Le globe, sur lequel est reproduite une carte de la terre, figure parmi les instruments rituels de certaines cérémonies maçonniques.
L'épée tranchante, symbolisant un rayon de lumière, ne peut être tenue que par un maître (représenté ici par une « déesse »).
Le compas, symbole de la création au Moyen Âge, évoque dans la maçonnerie moderne la rectitude des conceptions théoriques.
Les colonnes, telles celles du temple de Salomon, marquent le passage de l'univers des profanes au monde des initiés...

La distribution des prix

Quand le dernier nom du dernier accessit de la dernière classe eut été proclamé, la musique entama une marche triomphale et tout se débanda. Tohu-bohu général. Les professeurs descendaient de l'estrade ; les élèves sautaient par-dessus les bancs pour rejoindre leurs familles. On s'embrassait, on s'appelait : « Par ici ! par ici ! » Les sœurs des lauréats s'en allaient fièrement avec les couronnes de leurs frères. Les robes de soie faisaient froufrou à travers les chaises...

SOURCE : ALPHONSE DAUDET, *Le Petit Chose.*

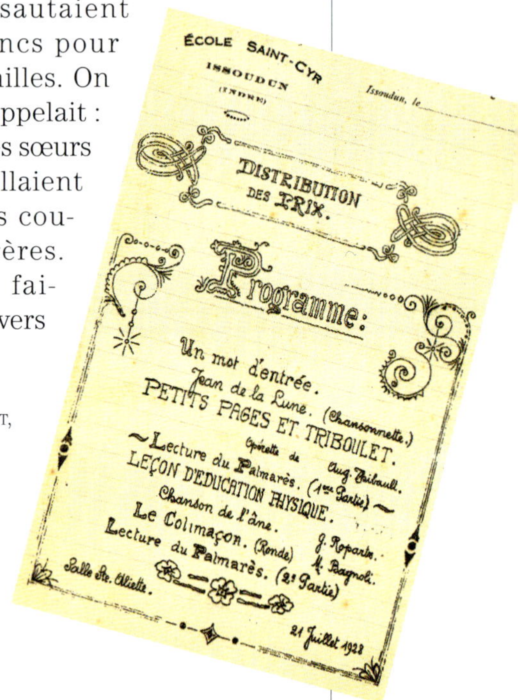
ÉCOLE SAINT-CYR
ISSOUDUN
(INDRE)
Issoudun, le
DISTRIBUTION DES PRIX.
Programme :
Un mot d'entrée.
Jean de la Lune. (Chansonnette.)
PETITS PAGES ET TRIBOULET.
Opérette de Aug. Thibault.
Lecture du Palmarès. (1re Partie)
LEÇON D'EDUCATION PHYSIQUE.
Chanson de l'âne.
Le Colimaçon. (Ronde) J. Ropartz.
Lecture du Palmarès. (2e Partie) A. Bagnoli.
21 Juillet 1922

« Tout était rouge... »

Enfin, le grand jour arriva. Il était temps ; je n'y pouvais plus tenir. On distribua les prix dans ma cour, la cour des moyens..., je la vois encore avec sa tente bariolée, ses murs couverts de draperies blanches, ses grands arbres verts pleins de drapeaux, et là-dessous tout un fouillis de toques, de képis, de shakos, de casques, de bonnets à fleurs, de claques brodés, de plumes, de rubans, de pompons, de panaches... Au fond, une longue estrade où étaient installées les autorités du collège dans des fauteuils de velours grenat...

Oh ! cette estrade, comme on se sentait petit devant elle ! Quel grand air de dédain et de supériorité elle donnait à ceux qui étaient dessus ! Aucun de ces messieurs n'avait plus sa physionomie habituelle. [...]

La cérémonie commença, il faisait chaud. Pas d'air sous la tente... il y avait de grosses dames cramoisies qui sommeillaient à l'ombre de leurs marabouts, et des messieurs chauves qui s'épongeaient la tête avec des foulards ponceau. Tout était rouge : les visages, les tapis, les drapeaux, les fauteuils...

Nous eûmes trois discours, qu'on applaudit beaucoup ; mais moi, je ne les entendis pas. [...]

Le baiser du maire

Une salle claire, remplie de petites filles. Je n'ai jamais rien vu de si beau. – Prix de lecture et de récitation, Jeanne Laurent.

Je sursaute à l'appel de mon nom, je me dis que mademoiselle a gardé un prix pour moi,

qui suis toujours en retard, pour moi qui n'écoute jamais que d'une oreille ! Comme je vais la remercier, l'embrasser bien fort ! Mais mademoiselle n'a pas le temps, elle me prend le bras, me fait monter à l'estrade.

– Oh ! dit le maire jovial, la belle enfant ! Dis donc, grosse fille, tu n'as pas un gros prix, mais tu es bien belle, je te donne le prix de la santé. Quel âge as-tu ?

– Neuf ans, monsieur.

– Tu en parais douze, viens que je t'embrasse.

Je retourne à ma place toute contente. Ce n'est pas le compliment du maire qui m'a réchauffée, c'est ce bon baiser sonore et paternel. Je voudrais être la petite fille de ce monsieur-là, je « ferais câline » le soir sur ses genoux. J'ai vu Isabelle « faire câline » sur les genoux de son père, un soir... et elle a douze ans, oui !

SOURCE : Jean Franck, *Une vie d'enfant.* L'amitié par le livre, 1935.

DE SI BEAUX LIVRES ROUGES...

La tradition de la distribution des prix doit essentiellement son essor aux collèges parisiens qui se multiplient au XVIIe *siècle. Nanti du prestige intellectuel des Jésuites, le livre devient le présent symbolique de cette cérémonie.*
Comme ces distributions de prix contribuent à la promotion des établissements scolaires, les grands éditeurs catholiques s'emploient à faire du livre de prix un produit très soigné.
À partir de 1880, l'abolition du monopole qui profitait alors à ces éditeurs catholiques – notamment Alfred Mame, à Tours – favorise la laïcisation du livre de prix, au fur et à mesure que la République s'empare de ce rite scolaire pour célébrer l'excellence et l'émulation dans toutes les écoles primaires de France.
La maison Hetzel, éditeur de Victor Hugo, se spécialise à cette fin dans le livre de prix, et s'attache le talent de Jules Verne. Hachette crée, quant à lui, dès 1880, trois nouvelles collections...

Savoir rendre hommage au mérite

Albert est pâle ; il a l'air triste ; il souffre. C'est que ses bonnes qualités sont gâtées par un bien vilain défaut : il est envieux et jaloux ! Pierre a obtenu une nomination de plus que lui, et cela suffit à dissiper toute sa joie. Il ne se dit pas que Pierre a peut-être travaillé davantage ; que ses prix sont la juste récompense de son intelligence et de ses efforts ; qu'il faut, à l'école comme dans la vie, savoir rendre hommage au mérite ; que nous devons nous montrer satisfaits quand on nous a accordé ce qui nous est dû : il ne voit que le succès de son camarade, et il oublie le sien, ce qui le rend très malheureux.

C'est le sort de tous les jaloux ; la jalousie les empêche de jouir du bien qui leur arrive. C'est là leur premier châtiment.

SOURCE : Félix Thomas, *Pierre et Suzette.* Lecture courante. Bibliothèque d'éducation.

Une redingote pour le grand jour

La distribution des prix est dans trois jours. Mon père, qui est dans le secret des dieux, sait que j'aurai des prix, qu'on appellera son fils sur l'estrade, qu'on lui mettra sur la tête une couronne trop grande, qu'il ne pourra ôter qu'en s'écorchant, et qu'il sera embrassé sur les deux joues par quelque autorité.

Mme Vingtras est avertie, et elle songe...

Comment habillera-t-elle son fruit, son enfant, son Jacques ? Il faut qu'il brille, qu'on le remarque – on est pauvre, mais on a du goût. « Moi d'abord, je veux que mon enfant soit bien mis. »

On cherche dans la grande armoire où est la robe de noce, où sont les fourreaux de parapluie, les restes de jupes, les coupons de soie.

Elle s'égratigne enfin à une étoffe criante, qui a des reflets de tigre au soleil : une étoffe comme une lime, qui exaspère les doigts quand on la touche, et qui flambe au grand air comme une casserole !

[...] « Jacques, je vais te faire une redingote avec ça, m'en priver pour toi !... » et ma mère ravie me regarde du coin de l'œil, hoche la tête, sourit du sourire des sacrifiées heureuses.

[...] On m'a essayé la redingote, hier soir, et mes oreilles saignent, mes ongles sont usés. Cette étoffe crève la vue et chatouille si douloureusement la peau !

« Seigneur ! délivrez-moi de ce vêtement ! » Le ciel ne m'entend pas ! La redingote est prête.

SOURCE : Jules Vallès, *L'Enfant*.

Une sélection naturelle dans l'intérêt national

Maintenant, une France unique était en train de se constituer ; il n'y aurait bientôt plus ceux d'en bas et ceux d'en haut, ceux qui savaient, écrasant, exploitant ceux qui ne savaient pas, dans une sourde guerre fratricide. L'enseignement intégral pour tous fonctionnait déjà. Tous les enfants de France devaient passer par l'école primaire laïque, gratuite et obligatoire. Puis une sélection naturelle se faisait, selon les goûts, les aptitudes, les facultés des élèves, qui, dès l'école primaire, montaient à des écoles spéciales, échelonnées suivant le besoin, embrassant toutes les applications pratiques, allant jusqu'aux plus hautes spéculations de l'esprit. La loi était qu'il n'y avait pas de privilégiés dans un peuple, que chaque créature naissante devait être accueillie comme une force possible, dont l'intérêt national exigeait la

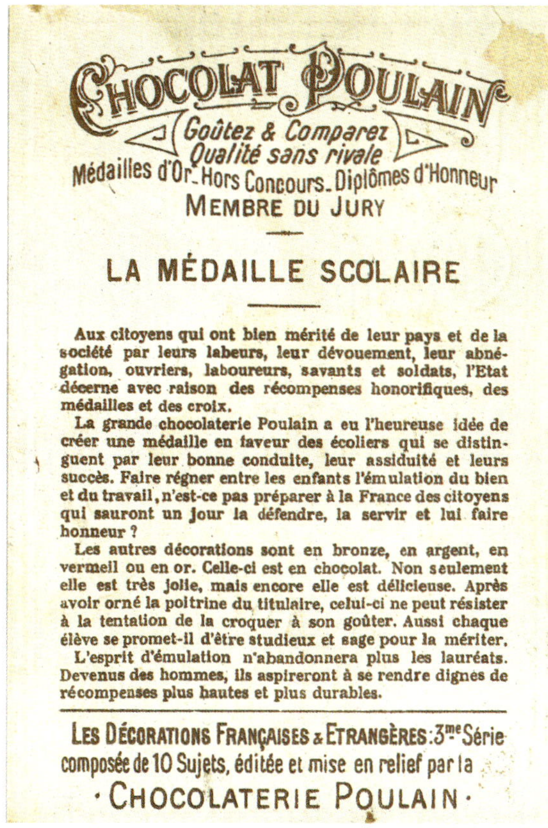

CHOCOLAT POULAIN

Goûtez & Comparez
Qualité sans rivale
Médailles d'Or - Hors Concours - Diplômes d'Honneur
MEMBRE DU JURY

LA MÉDAILLE SCOLAIRE

Aux citoyens qui ont bien mérité de leur pays et de la société par leurs labeurs, leur dévouement, leur abnégation, ouvriers, laboureurs, savants et soldats, l'Etat décerne avec raison des récompenses honorifiques, des médailles et des croix.

La grande chocolaterie Poulain a eu l'heureuse idée de créer une médaille en faveur des écoliers qui se distinguent par leur bonne conduite, leur assiduité et leurs succès. Faire régner entre les enfants l'émulation du bien et du travail, n'est-ce pas préparer à la France des citoyens qui sauront un jour la défendre, la servir et lui faire honneur ?

Les autres décorations sont en bronze, en argent, en vermeil ou en or. Celle-ci est en chocolat. Non seulement elle est très jolie, mais encore elle est délicieuse. Après avoir orné la poitrine du titulaire, celui-ci ne peut résister à la tentation de la croquer à son goûter. Aussi chaque élève se promet-il d'être studieux et sage pour la mériter.

L'esprit d'émulation n'abandonnera plus les lauréats. Devenus des hommes, ils aspireront à se rendre dignes de récompenses plus hautes et plus durables.

LES DÉCORATIONS FRANÇAISES & ETRANGÈRES : 3me Série composée de 10 Sujets, éditée et mise en relief par la
· CHOCOLATERIE POULAIN ·

UNE MÉDAILLE POUR TOUS !

La médaille en chocolat existe, Poulain l'a inventée... et flatte avec malice la paresse de l'écolier. Libre à chacun de l'arborer sur sa blouse avant de la savourer. Point besoin de travailler et d'attendre la fin de l'année pour l'obtenir ! Il suffit de l'acheter...

culture. Ce n'était pas seulement égalité et équité, c'était encore un emploi sage du trésor commun, l'idée pratique de ne rien perdre de ce qui pouvait faire la puissance et la grandeur du pays. Et quel réveil en effet des énergies accumulées, endormies dans l'immense réservoir des campagnes et des villes industrielles, toute une génération neuve, capable de pensée et d'action, apportant et renouvelant la sève depuis si longtemps tarie chez les anciennes classes dirigeantes, épuisées par l'abus du pouvoir. Des génies sortaient journellement de cette fertile terre populaire, enfin défrichée ; une grande époque allait naître, comme une renaissance d'humanité. Cette instruction intégrale, si longtemps refusée par la bourgeoisie maîtresse, parce qu'elle la sentait destructive de l'ancien ordre social, était en effet en train de la détruire, mais pour mettre à sa place le plus sage et le plus magnifique épanouissement de toutes les forces intellectuelles et morales qui doivent faire de la France l'émancipation du monde.

SOURCE : ÉMILE ZOLA, *Vérité*. 1903.

Au dernier de la classe

Mon enfant, tu es le dernier, mais il dépend de toi cependant d'avoir, à ta manière et à ton rang, autant de mérite que n'importe lequel de tes camarades. Tu peux même en avoir davantage, si tu te donnes plus de peine qu'eux. Tout en restant, s'il le faut, le dernier par le succès, tu peux devenir le premier par l'effort ; tu es le dernier cette semaine avec une note très basse, sois encore le dernier la semaine prochaine avec une note un peu plus élevée, et tu auras marché.

Marche ainsi de semaine en semaine, et tu seras aimé et honoré de tes maîtres autant qu'un autre, petit dernier ! Courage ! En apprenant ainsi à te corriger, à travailler, à t'observer, à te faire violence, tu acquiers de jour en jour de la force et de la valeur ; tu as fait aujourd'hui un petit progrès, tu en feras demain un autre ; continue ainsi, et peut-être, dans la vie, arriveras-tu plus haut que ceux qui sont aujourd'hui les premiers.

F. BUISSON.

SOURCE : E. PRIMAIRE, *Manuel d'éducation morale, civique et sociale*. Bibliothèque d'éducation, 1902.

UNE CÉRÉMONIE PLÉBISCITÉE

Dans son Dictionnaire de pédagogie *(1882), Ferdinand Buisson porte une appréciation très favorable sur la distribution des prix : elle peut « retenir quelques enfants à l'école » et elle permet « d'exciter au travail les élèves qui annoncent du talent en vue des carrières libérales ou des fonctions publiques ». Engouement unanimement partagé par les récipiendaires, à en croire l'hebdomadaire* Le Petit Français illustré *qui a mené l'enquête auprès de ses jeunes lecteurs. Aimée des écoliers, la distribution des prix est aussi choyée par le maire qui trouve là, aux alentours de la fête nationale du 14 Juillet, une tribune idéale devant les enseignants et les parents d'élèves.*

Un heureux père

Soudain, le cœur de Joson Meunier se mit à battre, car le tour des enfants était venu. La musique joua, et le surveillant but un verre d'eau pour s'éclaircir la voix. Un frémissement courut sur les premiers rangs, parmi les têtes bouclées, et les mères devinrent attentives.

« Année préparatoire... prix d'excellence : Maurice Meunier, de Toul ! » Joson se leva tout pâle, et, penché sur les nuques des dames, il regarda avidement. À son banc, le petit s'était levé ; il marcha vers l'estrade avec une crânerie charmante, et il reçut un beau livre rouge. La voix recommença : « Prix de calcul : Maurice Meunier. Prix d'histoire : Maurice Meunier. Prix de leçons de choses : Maurice Meunier... »

Neuf fois la voix répéta son nom... L'enfant avait tous les prix !

Il gagnait l'escalier, prêt à descendre, quand la voix le reprenait, le ramenait près de la table, devant les fauteuils des notables, qui lui caressaient la joue. Il arrondit ses petits bras pour retenir la masse des livres qui croula sous sa hanche, et qu'il s'efforça vainement de retenir du genou.

Debout devant l'estrade, ayant toujours la couronne de papier qui auréolait son front, il parut chercher quelqu'un dans la salle, et, quand il eut trouvé son père, il lui tendit la brassée de livres, comme pour lui faire hommage de son succès.

Une des dames demanda : « Qui est cet enfant qui remporte tant de prix ? » Joson se retourna : « Madame, c'est mon petit ! »

SOURCE : Émile Moselly, *Joson Meunier.* Albin Michel.

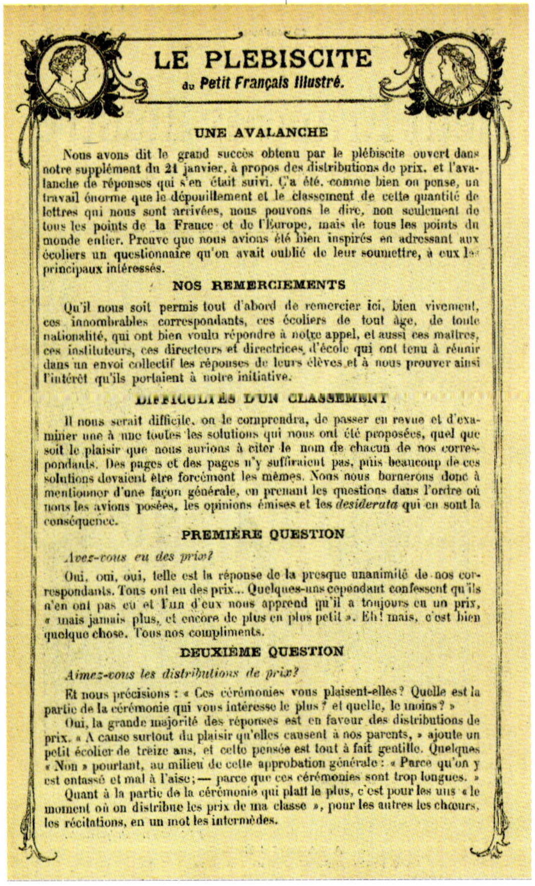

LE PLEBISCITE

du Petit Français illustré.

UNE AVALANCHE

Nous avons dit le grand succès obtenu par le plébiscite ouvert dans notre supplément du 21 janvier, à propos des distributions de prix, et l'avalanche de réponses qui s'en était suivi. Ça été, comme bien on pense, un travail énorme que le dépouillement et le classement de cette quantité de lettres qui nous sont arrivées, nous pouvons le dire, non seulement de tous les points de la France et de l'Europe, mais de tous les points du monde entier. Preuve que nous avions été bien inspirés en adressant aux écoliers un questionnaire qu'on avait oublié de leur soumettre, à eux les principaux intéressés.

NOS REMERCIEMENTS

Qu'il nous soit permis tout d'abord de remercier ici, bien vivement, ces innombrables correspondants, ces écoliers de tout âge, de toute nationalité, qui ont bien voulu répondre à notre appel, et aussi ces maîtres, ces instituteurs, ces directeurs et directrices d'école qui ont tenu à réunir dans un envoi collectif les réponses de leurs élèves et à nous prouver ainsi l'intérêt qu'ils portaient à notre initiative.

DIFFICULTÉS D'UN CLASSEMENT

Il nous serait difficile, on le comprendra, de passer en revue et d'examiner une à une toutes les solutions qui nous ont été proposées, quel que soit le plaisir que nous aurions à citer le nom de chacun de nos correspondants. Des pages et des pages n'y suffiraient pas, puis beaucoup de ces solutions devaient être forcément les mêmes. Nous nous bornerons donc à mentionner d'une façon générale, en prenant les questions dans l'ordre où nous les avions posées, les opinions émises et les *desiderata* qui en sont la conséquence.

PREMIÈRE QUESTION

Avez-vous eu des prix?

Oui, oui, oui, telle est la réponse de la presque unanimité de nos correspondants. Tous ont eu des prix... Quelques-uns cependant confessent qu'ils n'en ont pas eu et l'un d'eux nous apprend qu'il a toujours eu un prix, « mais jamais plus, et encore de plus en plus petit ». Eh ! mais, c'est bien quelque chose. Tous nos compliments.

DEUXIÈME QUESTION

Aimez-vous les distributions de prix?

Et nous précisions : « Ces cérémonies vous plaisent-elles ? Quelle est la partie de la cérémonie qui vous intéresse le plus ? et quelle, le moins ? »

Oui, la grande majorité des réponses est en faveur des distributions de prix. « A cause surtout du plaisir qu'elles causent à nos parents, » ajoute un petit écolier de treize ans, et cette pensée est tout à fait gentille. Quelques « Non » pourtant, au milieu de cette approbation générale : « Parce qu'on y est entassé et mal à l'aise ; — parce que ces cérémonies sont trop longues. »

Quant à la partie de la cérémonie qui plaît le plus, c'est pour les uns « le moment où on distribue les prix de ma classe », pour les autres les chœurs, les récitations, en un mot les intermèdes.

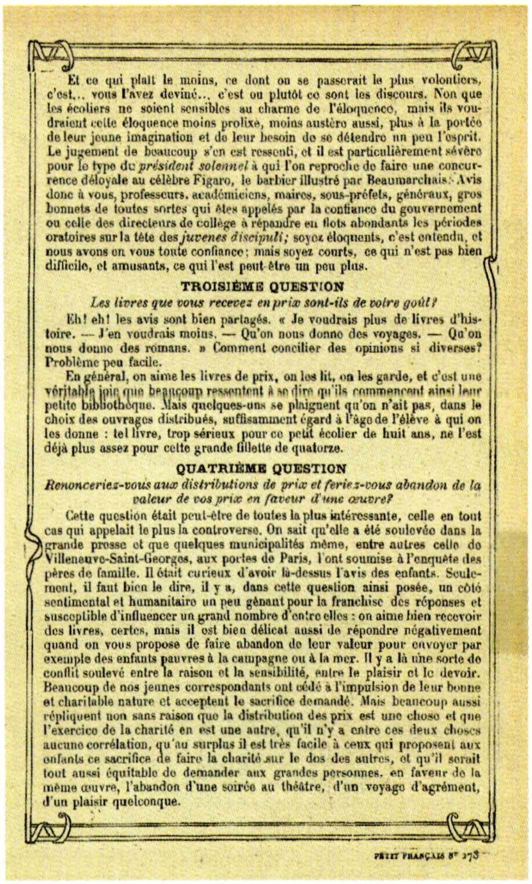

Et ce qui plaît le moins, ce dont on se passerait le plus volontiers, c'est... vous l'avez deviné..., c'est ou plutôt ce sont les discours. Non que les écoliers ne soient sensibles au charme de l'éloquence, mais ils voudraient cette éloquence moins prolixe, moins austère aussi, plus à la portée de leur jeune imagination et de leur besoin de se détendre un peu l'esprit. Le jugement de beaucoup s'en est ressenti, et il est particulièrement sévère pour le type du *président solennel* à qui l'on reproche de faire une concurrence déloyale au célèbre Figaro, le barbier illustré par Beaumarchais. Avis donc à vous, professeurs, académiciens, maires, sous-préfets, généraux, gros bonnets de toutes sortes qui êtes appelés par la confiance du gouvernement ou celle des directeurs de collège à répandre en flots abondants les périodes oratoires sur la tête des *juvenes discipuli;* soyez éloquents, c'est entendu, et nous avons en vous toute confiance ; mais soyez courts, ce qui n'est pas bien difficile, et amusants, ce qui l'est peut-être un peu plus.

TROISIÈME QUESTION

Les livres que vous recevez en prix sont-ils de votre goût?

Eh ! eh ! les avis sont bien partagés. « Je voudrais plus de livres d'histoire. — J'en voudrais moins. — Qu'on nous donne des voyages. — Qu'on nous donne des romans. » Comment concilier des opinions si diverses ? Problème peu facile.

En général, on aime les livres de prix, on les lit, on les garde, et c'est une véritable joie que beaucoup ressentent à se dire qu'ils commencent ainsi leur petite bibliothèque. Mais quelques-uns se plaignent qu'on n'ait pas, dans le choix des ouvrages distribués, suffisamment égard à l'âge de l'élève à qui on les donne : tel livre, trop sérieux pour ce petit écolier de huit ans, ne l'est déjà plus assez pour cette grande fillette de quatorze.

QUATRIÈME QUESTION

Renonceriez-vous aux distributions de prix et feriez-vous abandon de la valeur de vos prix en faveur d'une œuvre?

Cette question était peut-être de toutes la plus intéressante, celle en tout cas qui appelait le plus la controverse. On sait qu'elle a été soulevée dans la grande presse et que quelques municipalités même, entre autres celle de Villeneuve-Saint-Georges, aux portes de Paris, l'ont soumise à l'enquête des pères de famille. Il était curieux d'avoir là-dessus l'avis des enfants. Seulement, il faut bien le dire, il y a, dans cette question ainsi posée, un côté sentimental et humanitaire un peu gênant pour la franchise des réponses et susceptible d'influencer un grand nombre d'entre elles : on aime bien recevoir des livres, certes, mais il est bien délicat aussi de répondre négativement quand on vous propose de faire abandon de leur valeur pour envoyer par exemple des enfants pauvres à la campagne ou à la mer. Il y a là une sorte de conflit soulevé entre la raison et la sensibilité, entre le plaisir et le devoir. Beaucoup de nos jeunes correspondants ont cédé à l'impulsion de leur bonne et charitable nature et acceptent le sacrifice demandé. Mais beaucoup aussi répliquent non sans raison que la distribution des prix est une chose et que l'exercice de la charité en est une autre, qu'il n'y a entre ces deux choses aucune corrélation, qu'au surplus il est très facile à ceux qui proposent aux enfants ce sacrifice de faire la charité sur le dos des autres, et qu'il serait tout aussi équitable de demander aux grandes personnes, en faveur de la même œuvre, l'abandon d'une soirée au théâtre, d'un voyage d'agrément, d'un plaisir quelconque.

PETIT FRANÇAIS Nº 273

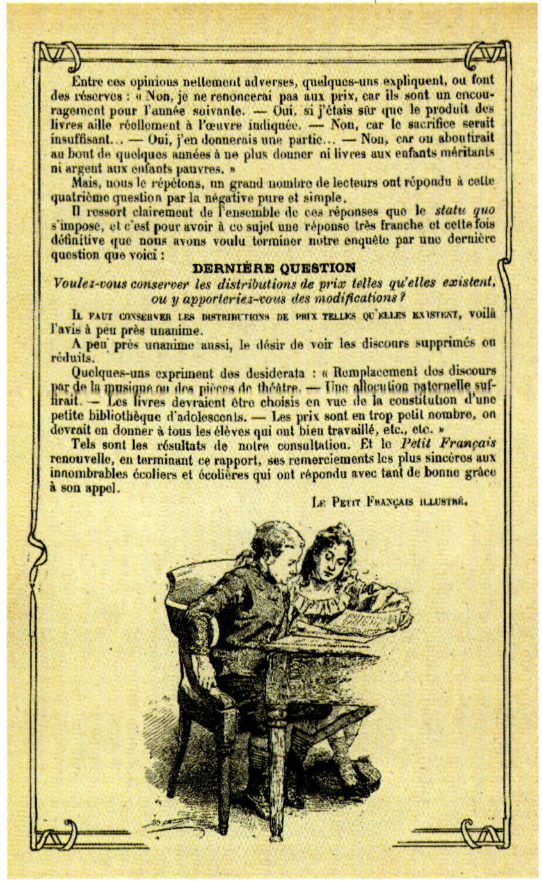

Entre ces opinions nettement adverses, quelques-uns expliquent, ou font des réserves : « Non, je ne renoncerai pas aux prix, car ils sont un encouragement pour l'année suivante. — Oui, si j'étais sûr que le produit des livres aille réellement à l'œuvre indiquée. — Non, car le sacrifice serait insuffisant... — Oui, j'en donnerais une partie... — Non, car on aboutirait au bout de quelques années à ne plus donner ni livres aux enfants méritants ni argent aux enfants pauvres. »

Mais, nous le répétons, un grand nombre de lecteurs ont répondu à cette quatrième question par la négative pure et simple.

Il ressort clairement de l'ensemble de ces réponses que le *statu quo* s'impose, et c'est pour avoir à ce sujet une réponse très franche et cette fois définitive que nous avons voulu terminer notre enquête par une dernière question que voici :

DERNIÈRE QUESTION

Voulez-vous conserver les distributions de prix telles qu'elles existent, ou y apporteriez-vous des modifications?

Il faut conserver les distributions de prix telles qu'elles existent, voilà l'avis à peu près unanime.

A peu près unanime aussi, le désir de voir les discours supprimés ou réduits.

Quelques-uns expriment des desiderata : « Remplacement des discours par de la musique ou des pièces de théâtre. — Une allocution paternelle suffirait. — Les livres devraient être choisis en vue de la constitution d'une petite bibliothèque d'adolescents. — Les prix sont en trop petit nombre, on devrait en donner à tous les élèves qui ont bien travaillé, etc., etc. »

Tels sont les résultats de notre consultation. Et le *Petit Français* renouvelle, en terminant ce rapport, ses remerciements les plus sincères aux innombrables écoliers et écolières qui ont répondu avec tant de bonne grâce à son appel.

Le Petit Français illustré.

Premier de canton

« Comme je suis content d'avoir bien travaillé et d'avoir obtenu mon certificat d'études : j'ai fait plaisir à mon père, à mon maître, aux examinateurs, à tout le monde; puis j'ai rendu mon premier service à la République. »

ERNEST LAVISSE, *Les Récits de Pierre Laloi.* Armand Colin.

Un élève prometteur

Si vous saviez toujours vos leçons comme celle-ci, affirme le maître, je vous mènerais au certificat l'année prochaine.

Le certificat d'études, Lebrac n'y tenait pas : s'appuyer des dictées, des calculs, des compositions françaises, sans compter la « giographie » et l'histoire, ah ! mais non, pas ça ! Aussi les compliments ni les promesses ne l'émurent, et s'il eut le sourire, ce fut tout simplement parce qu'il se sentait sûr maintenant, même s'il flanchait un peu en histoire et en grammaire, d'être lâché quand même le soir à cause de la bonne impression qu'il avait produite le matin.

SOURCE : LOUIS PERGAUD, *La Guerre des boutons.*

PREMIER DE LA CLASSE... ET APRÈS ?

Soumission, abnégation, résignation sont les maîtres mots d'un enseignement laïc qui entend à sa façon modeler le comportement des futurs citoyens. Pour preuve, le célèbre Tour de la France par deux enfants *n'ouvre aucune perspective de promotion à ses deux jeunes acteurs. Julien est certes un brillant élève; il est premier de sa classe; mais il est appelé à devenir agriculteur, tel son père. Cet exemple édifiant montre avec grandiloquence le sens du progrès : Julien sera un paysan instruit, et un citoyen averti... L'école célèbre l'excellence, honore la performance, mais elle n'entend point bouleverser les hiérarchies sociales. Au nom de la République, elle rassure et perpétue l'ordre établi.*

UN ESPOIR : LA PROMOTION SOCIALE

Dans l'esprit de Jules Ferry, le certificat d'études primaires devait, comme son nom l'indique, permettre à chaque élève de justifier l'acquisition d'un bagage scolaire normalisé. Dès l'origine, le CEP fut, de fait, détourné de cet objectif.

Tous les écoliers n'étaient tout d'abord pas appelés à en subir les épreuves : les maîtres d'école prenaient soin de sélectionner les candidats parmi leurs meilleurs élèves, ceux susceptibles de réussir. Car derrière chaque candidat, le savoir-faire du maître était en jeu...

Cette sélection « à la source » ne suffisait pas en outre à masquer la réelle difficulté de l'examen, si bien qu'en 1920, un tiers des élèves sortaient de l'école avec le certificat.

Le nombre limité de candidats, la proportion restreinte de lauréats cantonnaient donc le CEP dans un rôle de reproduction des élites, bien éloigné de la généreuse ambition du législateur de 1882.

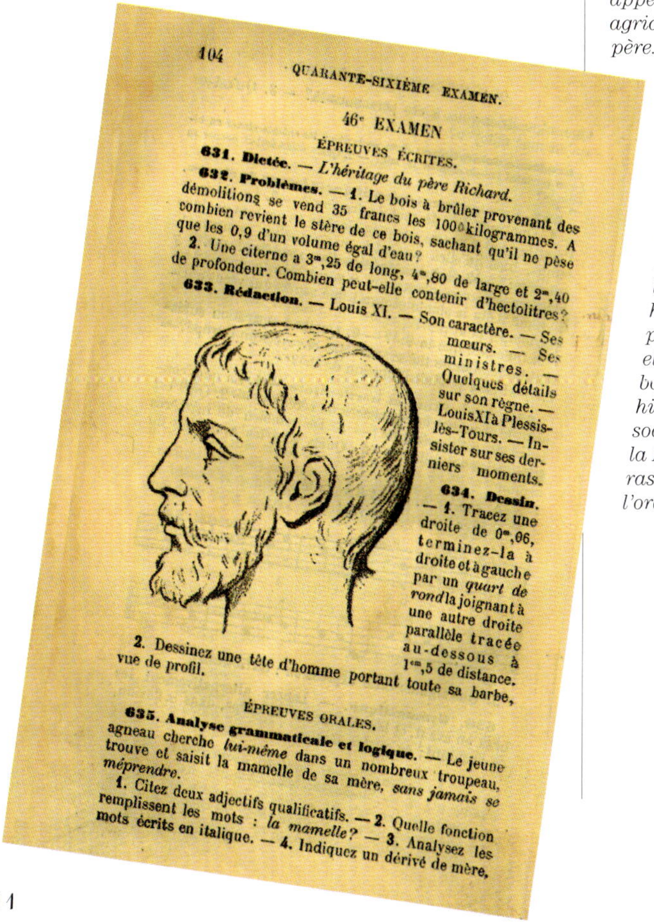

104 QUARANTE-SIXIÈME EXAMEN.

46e EXAMEN

ÉPREUVES ÉCRITES.

631. Dictée. — *L'héritage du père Richard.*

632. Problèmes. — 1. Le bois à brûler provenant des démolitions se vend 35 francs les 100 kilogrammes. A combien revient le stère de ce bois, sachant qu'il ne pèse que les 0,9 d'un volume égal d'eau ?

2. Une citerne a 3m,25 de long, 4m,80 de large et 2m,40 de profondeur. Combien peut-elle contenir d'hectolitres ?

633. Rédaction. — Louis XI. — Son caractère. — Ses mœurs. — Ses ministres. — Quelques détails sur son règne. — Louis XI à Plessis-lès-Tours. — Insister sur ses derniers moments.

634. Dessin. — 1. Tracez une droite de 0m,06, terminez-la à droite et à gauche par un *quart de rond* la joignant à une autre droite parallèle tracée au-dessous à 1cm,5 de distance.

2. Dessinez une tête d'homme portant toute sa barbe, vue de profil.

ÉPREUVES ORALES.

635. Analyse grammaticale et logique. — Le jeune agneau cherche *lui-même* dans un nombreux troupeau, trouve et saisit la mamelle de sa mère, *sans jamais se méprendre.*

1. Citez deux adjectifs qualificatifs. — 2. Quelle fonction remplissent les mots : *la mamelle?* — 3. Analysez les mots écrits en italique. — 4. Indiquez un dérivé de mère,

UN CADEAU SACRÉ

La boîte de compas, achetée chez l'opticien, comptait parmi les cadeaux classiques que les parents fortunés offraient au lauréat. Le caractère sacré de ce présent, et le faible enthousiasme qu'il suscitait, ne le vouaient pas à un usage fréquent...

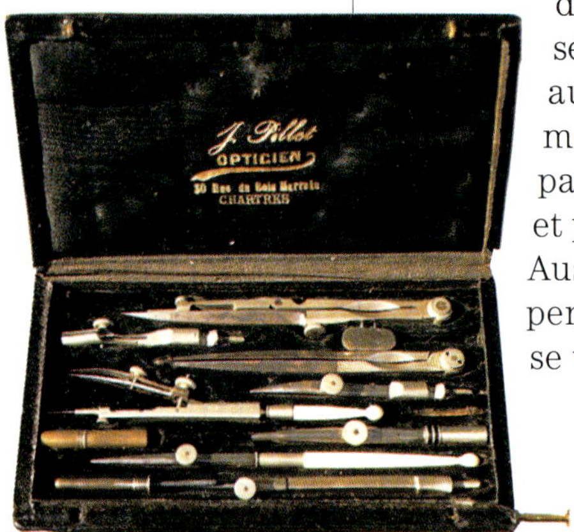

Une légitime revendication

Les pauvres jeunes filles sont là, pressées les unes contre les autres, sous le nez même des examinateurs et au milieu du groupe de parents et d'amis venus pour les entendre.

Cette pièce est si petite que les lauréates, mêlées au public, [...] ont des efforts inouïs à faire pour gagner leur place, bien heureuses encore si elles ont pu y parvenir sans être trop meurtries par les coudes ou sans laisser un lambeau de robe en route.

[...] À l'heure décisive, à l'instant où elles devraient se sentir bien à leur aise, se posséder entièrement, elles sont, au contraire, gênées dans leurs mouvements et torturées à la fois par l'anxiété, par le manque d'air et par une chaleur épouvantable. Aussi ne faut-il pas s'étonner que pendant les séances il y en ait qui se trouvent indisposées. [...]

Voilà dans quelles conditions nos filles passent leurs examens à l'Hôtel de Ville de Paris. Nous demandons qu'on leur donne un peu plus d'espace, et si l'on n'en trouve pas pour elles, dans ce monument où il y a cependant d'immenses salles des fêtes et de vastes bureaux pour nos conseillers, qu'on leur construise un local spécial où elles pourront du moins subir leurs épreuves un peu plus commodément.

SOURCE : Le Petit Journal, 28 juillet 1895.

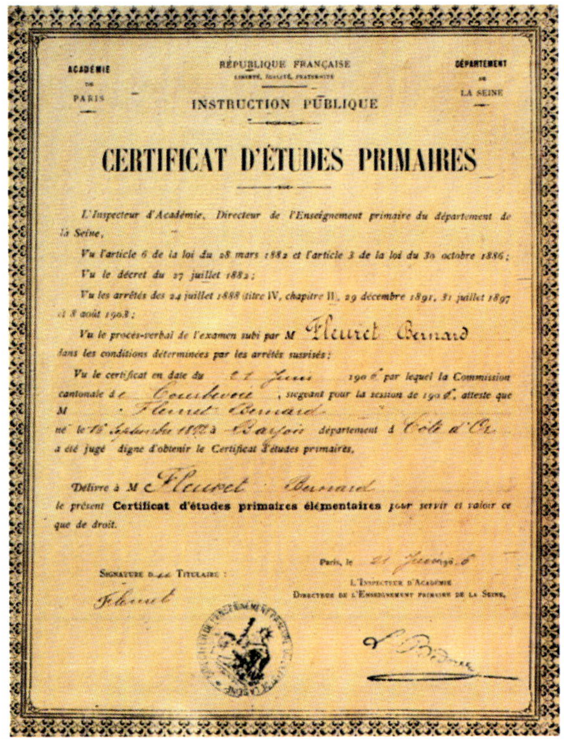

ACADÉMIE DE PARIS — RÉPUBLIQUE FRANÇAISE — DÉPARTEMENT DE LA SEINE

INSTRUCTION PUBLIQUE

CERTIFICAT D'ÉTUDES PRIMAIRES

L'Inspecteur d'Académie, Directeur de l'Enseignement primaire du département de la Seine,

Vu l'article 6 de la loi du 28 mars 1882 et l'article 3 de la loi du 30 octobre 1886 ;

Vu le décret du 27 juillet 1882 ;

Vu les arrêtés des 24 juillet 1888 (titre IV, chapitre II), 29 décembre 1891, 31 juillet 1897 et 8 août 1903 ;

Vu le procès-verbal de l'examen subi par M Fleuret Bernard *dans les conditions déterminées par les arrêtés susvisés ;*

Vu le certificat en date du 21 Juin *190*6 *par lequel la Commission cantonale d*e Courbevoie*, siégeant pour la session de 190*6*, atteste que M* Fleuret Bernard *né le* … *à* … *département d* … *a été jugé digne d'obtenir le Certificat d'études primaires,*

Délivre à M Fleuret Bernard *le présent* **Certificat d'études primaires élémentaires** *pour servir et valoir ce que de droit.*

Paris, le 21 Juin 1906

SIGNATURE DU TITULAIRE : Fleuret

L'INSPECTEUR D'ACADÉMIE
DIRECTEUR DE L'ENSEIGNEMENT PRIMAIRE DE LA SEINE,

Le certif pour trophée

Le travail scolaire me plaisait de plus en plus. Aussi arrivai-je à obtenir le certificat d'études après trois années d'école. Mon diplôme, comme c'était alors la coutume, fut encadré et exposé sur la façade du lit clos de mes parents, fiers de voir que pendant les vacances je répondais aux lettres, en leur nom, sans aucune gêne. Tout au moins pour le début qui ne variait pas : « Je prends la plume à la main pour te donner de nos nouvelles qui sont très bonnes en ce moment et nous espérons qu'il en est de même pour toi. »

Les nouvelles suivaient, dictées par les parents en breton et traduites scrupuleusement en français par le jeune écrivain public.

SOURCE : Jean Cornec, *Josette et Jean Cornec, instituteurs.* Clancier Guénaud.

Un lauréat modeste

Trois mois plus tard, j'étais reçu premier à l'examen du certificat d'études primaires. M. l'Inspecteur primaire, qui présidait le jury d'examen, me félicita publiquement et voulut me serrer la main, tandis que M. Dumoulin, notre instituteur d'Estivareilles, qui nous avait accompagnés à Saint-Bonnet, où avait lieu l'examen, ne pouvait se tenir de m'embrasser devant tout le monde.

Tant de gloire ne me fit pas tourner la tête, loin de là. Je me serais bien passé de ces démonstrations touchantes mais gênantes, qui attiraient sur moi tous les regards. Vraiment, la chose n'en valait pas la peine.

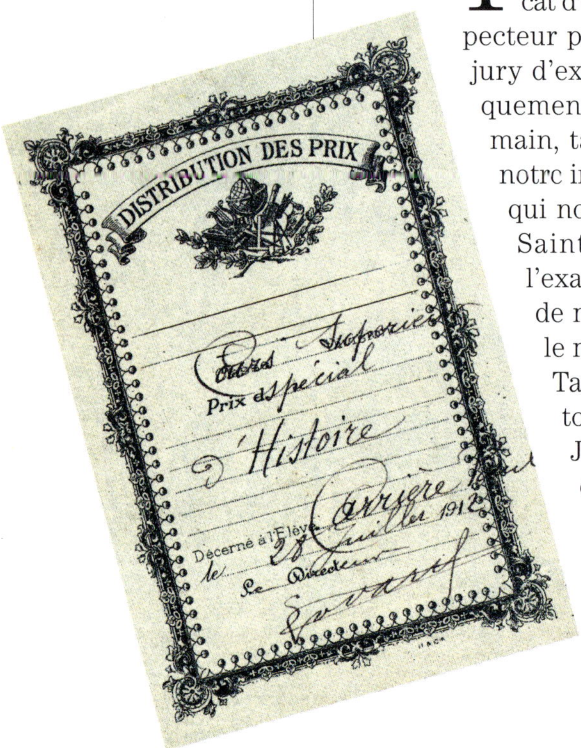

Est-ce que dans les examens il n'y a pas toujours un premier et y a-t-il tant de différence entre le premier et le second que l'on doive être à l'honneur tandis que l'autre passe inaperçu ?

SOURCE : ÉDOUARD PETIT, GEORGES LAMY, *Jean Lavenir*. Picard et Kaan.

Un scrupule de délicatesse

La fin de mon devoir me manquait brusquement. Cette composition si bien préparée, je ne pourrais pas la finir ! Il faudrait me résigner à remettre une copie non

UN ENJEU : L'HONNEUR FAMILIAL

La monarchie de Juillet l'instaure en 1834, le second Empire le réaménage en 1866, mais c'est la IIIe République qui parviendra définitivement à l'imposer à partir de 1882.
Le certificat d'études se fige alors dans un rite scolaire qui marquera pour longtemps la mémoire populaire.
L'arrivée fébrile des parents et de leurs enfants candidats au chef-lieu de canton où se déroulent les épreuves ; la solennité impressionnante de la commission d'examen réunie sous la présidence de l'inspecteur primaire ; la proclamation guindée des résultats ; le retour euphorique des heureux lauréats au village qui fêtera dignement le « premier de canton » ; l'encadrement du diplôme, accroché au mur pour proclamer fièrement l'honneur familial...
Dans ce mélange de candeur et de ferveur, dans cette ambiance de bénédiction et de consécration, le rite du certificat d'études façonne à lui seul toute l'autorité morale de la religion laïque. À tel point que dans des contrées pas si reculées – le Limousin par exemple – les meilleurs élèves du village peuvent, dit-on, accéder au « sanctificat ».

terminée. Adieu le prix! Tout mon travail était perdu, et cela pour quelques lignes.

Je me pris le front à deux mains, et je regardai avec désespoir ma solution de problème inachevée.

– Lève ton coude, me souffla un voisin.

Et aussitôt je vis un papier blanc qui passait lentement sous mon coude et s'étalait devant mes yeux.

– Surtout, ne te fais pas prendre! ajouta-t-il.

Je levai tout doucement un coin de papier. Dans l'enveloppe de papier blanc était dissimulé un feuillet arraché à un livre. Sur ce feuillet se trouvait la solution de notre problème.

Il m'avait suffi d'une simple lecture pour comprendre la partie du devoir qui m'avait arrêté tout à l'heure.

Je refermai vivement l'enveloppe et je la poussai du coude vers mon voisin, qui la fit disparaître dans sa poche en me disant :

– Tu n'en veux pas?

– Non, je n'en veux pas.

– Tu sais donc faire ta composition?

– Oui.

« Tu mens! » me dit nettement une voix intérieure, qui changea tout à coup ma joie triomphante en un amer chagrin. Oui, je l'avoue, j'avais conçu une joie immense à la vue de ce feuillet, que je n'avais point demandé, qui était venu pour ainsi dire me trouver, et qui en quelques lignes me donnait la solution du problème où je me trouvais perdu. [...]

En pensant à mon grand-père, je me demandai ce qu'il aurait fait à ma place, à l'époque où il composait avec ses camarades.

« Il n'aurait pas copié, me dit cette voix intérieure, parce que copier, c'est tricher, c'est voler une récompense, c'est manquer à l'honneur. » [...]

Je résolus aussitôt de laisser ma copie inachevée. J'essayai alors de me représenter ce que dirait mon grand-père quand je lui raconterais ce qui s'était passé. Le connaissant comme je le connaissais, cela ne me fut pas bien difficile. Il aimerait mieux me voir perdre un prix par scrupule de délicatesse que de m'en voir gagner dix par un procédé déloyal. C'était si simple, si vrai et si naturel, que je fus tout surpris d'avoir hésité un instant.

SOURCE : J. Girardin, *Grand-Père*. Hachette et Cie.

Composition inédite d'HENRIQUEZ.

L'école est finie

« Il nous photographiera jeudi prochain à neuf heures. Nous serons en cheveux. »

A. Pierre, A. Vinet, A. Martin, *Méthode de lecture et récits enfantins* (deuxième livret). Nathan.

Quand l'école est finie, le temps aime à prendre son temps. La traditionnelle photo de classe laisse une charmante trace du passé ; les premiers jours de vacances apprennent à savourer le présent ; et le terme de la scolarité interroge sur l'avenir...
À travers les rites immuables de la photo de la classe, des fêtes de fin d'année, des colonies scolaires, l'école de la République cultive à souhait les réflexes communautaires pour mieux occulter le complexe identitaire des élèves qui, « pour devenir des grands », devront se satisfaire des mises en garde sentencieuses du « catéchisme républicain »...

Au nombre de ces réflexes, la photo de classe contribue à préserver la mémoire des générations. Elle atteste aussi, par la noble prestance des élèves et du maître d'école, la haute dignité républicaine des lieux.

Tout aussi rituelle, mais moins empruntée, la fête scolaire du mois de juillet souligne toutes les ressources de la vie communautaire. Dans un décor conçu avec les moyens du bord, les écoliers jouent, avec leur candeur juvénile, des « tableaux vivants » qui remportent bien sûr l'admiration émue des parents. Ces réjouissances ne sont pas innocentes ; elles contribuent à vulgariser le credo républicain : la générosité du cœur est la seule richesse qui vaille...

La vie communautaire présente autant de vertus pendant les vacances puisque les colonies scolaires sont, à en croire leur instigateur suisse éclairé, le remède idéal contre les dangers du désœuvrement : « Beaucoup d'enfants, laissés inoccupés par le long congé d'été, passaient le temps à traîner mélancoliquement dans les rues ou à vagabonder. »

Hors de la communauté, donc, point de salut... et plus de repère.

Je suis sur la photo

LE RÈGLEMENT, C'EST LE RÈGLEMENT

L'instituteur s'opposait généralement à l'entrée du photographe dans la salle de classe. Voilà pourquoi les photos représentant un intérieur d'école sont si rares. On pourrait voir dans cette attitude l'expression de l'intransigeance laïque : l'école n'est-elle pas ce sanctuaire qu'il faut sévèrement garder ? Plus prosaïquement, ce refus trouve son fondement dans une application très rigoureuse des règlements départementaux : « Pendant la durée de la classe, l'instituteur ne pourra, sous aucun prétexte, être distrait de ses fonctions professionnelles [...] Les enfants ne pourront, sous aucun prétexte, être détournés de leurs études pendant la durée des classes. » (Cf. Articles 4 et 5 du règlement modèle pour servir à la rédaction des règlements départementaux relatifs aux écoles primaires – 18 janvier 1887.)

Le photographe à l'école

La maîtresse dit un jour aux élèves :

– Si vous arrivez en classe tous les matins bien peignées, bien propres, les mains et le visage soigneusement lavés, je vous réserve une belle surprise.

Tout le monde battit des mains.

– Mais, ajouta-t-elle, il ne faut pas que ce soit seulement un jour ou deux ; il faut que cela dure tout le mois, toute l'année.

Le lendemain, c'était un plaisir de voir les jolis minois des enfants. Le surlendemain fut encore très bien. Mais la maîtresse ne parlait plus de récompense : l'avait-elle oubliée ? Au bout de quatre jours, plusieurs petites arrivèrent en classe les mains sales, les cheveux en désordre, le tablier déchiré.

La maîtresse ne leur dit rien. D'autres les imitèrent.

Un après-midi, pendant la récréation de trois heures, vint un photographe.

« Oh ! madame, faites faire notre portrait, toutes ensemble ; ce sera si gentil de nous trouver ainsi avec nos petites amies sur le même tableau !

– Je veux bien », dit la maîtresse.

Et tout le monde se place. Le photographe regarde derrière son appareil.

« Attention ! Un. Deux. Clic ! C'est fait. »

Huit jours plus tard, on apporta les photographies. C'était en effet très gentil ; mais hélas ! les cheveux en désordre et les tabliers déchirés se voyaient fort bien, et il y eut des petites filles qui regrettèrent amèrement leur manque de propreté.

SOURCE : E. TOUTEY, *Lectures primaires*. Cours préparatoire. Paris, Librairie Hachette et Cie, 1916.

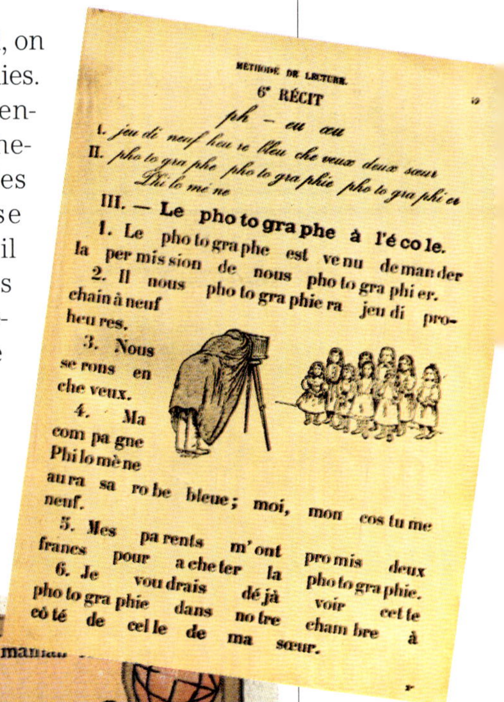
MÉTHODE DE LECTURE.

6e RÉCIT

ph – eu œu

I. *jeu di neuf heu re bleu che veux deux sœur*

II. *pho to gra phe pho to gra phie pho to gra phi er Phi lo mè ne*

III. — Le pho to gra phe à l'é co le.

1. Le pho to gra phe est ve nu de man der la per mis sion de nous pho to gra phi er.

2. Il nous pho to gra phie ra jeu di pro chain à neuf heu res.

3. Nous se rons en che veux.

4. Ma com pa gne Phi lo mè ne au ra sa ro be bleue ; moi, mon cos tu me neuf.

5. Mes pa rents m'ont pro mis deux francs pour a che ter la pho to gra phie.

6. Je vou drais dé jà voir cet te pho to gra phie dans no tre cham bre à cô té de cel le de ma sœur.

UN MOMENT SOLENNEL

La plupart du temps, la photo d'école saisit les élèves dans une gravité de circonstance. Leur position est figée ; leur visage ne respire pas la gaieté. Il est vrai que le moment est solennel. L'instituteur fait ses dernières recommandations, après avoir réprimandé les plus turbulents.
Vient alors le tour du photographe, qui ajuste son curieux matériel.
A une époque où la photographie était encore peu vulgarisée, « le petit oiseau qui va sortir » avait vraiment de quoi intimider...

Vive les vacances

« On regrettait bien un peu les bonnes journées de vacances [. . .] et les excursions de famille où tout le monde était si gai, où papa et maman oubliaient leur gravité pour rire avec les enfants. »

PAUL BERT, *Lectures et leçons de choses.* Picard et Kaan.

À l'année prochaine !

« À l'année prochaine, à l'année prochaine ! » disait le principal avec un sourire câlin... les clés de M. Viot tintaient, pleines de caresses : « Frinc ! frinc ! frinc ! Revenez-nous l'année prochaine. » Les enfants se laissaient embrasser négligemment et franchissaient l'escalier d'un bond.

Huit pages : CINQ centimes

Le Petit Parisien

SUPPLÉMENT LITTÉRAIRE ILLUSTRÉ

DIRECTION : 18, rue d'Enghien, PARIS

VACANCES

Ceux-là montaient dans de belles voitures armoriées, où les mères et les sœurs rangeaient leurs grandes jupes pour faire place : clic ! clac !... en route vers le château !... Nous allons revoir nos parcs, nos pelouses, l'escarpolette sous les acacias, les volières pleines d'oiseaux rares, la pièce d'eau avec ses deux cygnes, et la grande terrasse à balustres où l'on prend des sorbets le soir.

D'autres grimpaient dans les chars à banc de famille, à côté des jolies filles riant à belles dents sous leurs coiffes blanches. La fermière conduisait avec sa chaîne d'or autour du cou... Fouette, Mathurine ! on retourne à la métairie ; on va manger des beurrées, boire du vin muscat, chasser à la pipée tout le jour et se rouler dans le foin qui sent bon !

Heureux enfants ! Ils s'en allaient, ils partaient tous... Ah ! si j'avais pu partir moi aussi...

SOURCE : ALPHONSE DAUDET, *Le Petit Chose.*

Dernier jour d'école

C'était jour de fête ! Le préau de l'école était enguirlandé, fleuri. Le cher drapeau aux trois couleurs flottait joyeusement, et, au-dessus, le ciel bleu sans nuages étendait son incomparable vélum.

L'heure avait sonné pour nos demoiselles du cours complémentaire de prendre définitivement leur volée vers les hasards de leur destinée, et, de ce dernier jour de l'école, de cette tristesse que cause toujours une séparation, la bonne Mlle Coulange avait voulu faire une journée de joie.

Elles étaient toutes groupées sur une sorte d'estrade, Agathe, au premier rang, un petit rouleau de papier à la main ; car, en sa qualité de première à l'examen de fin d'études, elle a été désignée pour prononcer tout à l'heure l'adieu des grandes élèves aux petites.

Elle a grandi encore, elle a passé ses quatorze ans ! C'est maintenant une vraie jeune fille, mais son visage a gardé son expression d'enfantine simplicité. Quel bonheur ! elle ne

pose pas, elle ne posera jamais ! C'est sûr maintenant.

[...] « Soyons fidèles à nous-mêmes, à nos devoirs, à nos amies et soyons généreuses même envers celles qui ne sont pas nos amies. N'abandonnons jamais la voie que nous nous sommes tracée. Mais que notre vertu soit modeste et brille humblement. Quant à nous, vos aînés, qui avons franchi les bornes de l'enfance, nous allons entrer dans l'école du monde, bien plus grande que celle-ci, et où préside la plus sévère des maîtresses : l'expérience. Nous nous appliquerons avec courage à perfectionner notre intelligence, notre caractère, nos vertus, nos affections... » [...] Agathe l'avait bien dit : l'enfance avait fui, la vie commençait pour elle : maintenant, il fallait payer sa dette.

SOURCE : MARIE-ROBERT HALT, *Le Droit Chemin.* Librairie Delaplane, 3e éd., 1906.

« Je bois du lait bourru... »

Jeudi 3 août 1899

Chers parents,

Je vous envoie ces deux mos de lettre pour vous faire savoire de mes nouvelles. Je vous direz que je suis bien je bois du lait bourru trois fois par jour le matin en me levant à midi et le soir en me couchant. Je vais garder les vaches avec le domestique, je monte en voiture sur l'âne et mon frère va mieux ; nous mangeons des cerises de cassices de pirevinette et je m'amuse avec une petite de mon école dans la grange Emma. Je n'ai plus rien à vous dire que des compliments. Je vous envoie un gros baiser qui sort d'un cœur qui vous aime tendrement.

Gaspar.
Œuvre de la chaussée du Maine.

SOURCE : *Le Petit Français illustré*, 22 septembre 1900 (courrier sélectionné).

Partir au grand air

L'origine des « colonies de vacances » est déjà assez lointaine. En 1874, un pasteur protestant de Zurich, en Suisse, M. Bion, s'avisant que beaucoup d'enfants, laissés inoccupés par le long congé d'été, passaient le temps à traîner mélancoliquement dans les rues ou à vagabonder, imagina de les envoyer sur les montagnes d'Appenzel, où l'air est d'une pureté remarquable.

Là les petits colons n'avaient pas autre chose à faire que de manger, boire, dormir et se divertir dans les bois. Leur santé s'en trouva si bien que l'exemple fut suivi par la ville de Hambourg, puis par tous les pays d'Europe. [...]

Les colonies de vacances ont si bien conquis la faveur des écoliers que chaque société reçoit beaucoup plus de demandes qu'elle n'en peut accepter. [...]

Il faut donc de toute nécessité faire un choix. Comment procédera-t-on ? Va-t-on

prendre de préférence les plus studieux, les mieux notés à l'école et leur offrir le voyage comme récompense de leur zèle ? Non. On risquerait trop de commettre des injustices. Combien d'écoliers ne font des études imparfaites que parce qu'ils sont souffreteux, mal nourris, parce qu'ils ont été souvent absents, faute de chaussures présentables ! Les laissera-t-on de côté, ceux-là, qui ont déjà toutes les malchances ? Non. Ce sont eux que l'on choisit d'abord, parce qu'ils ont le plus besoin d'être aidés. Ce n'est pas l'instituteur que l'on nomme grand juge en cette matière, mais le médecin. Les débiles, les scrofuleux, les anémiques, les lymphatiques sont les candidats préférés pour les colonies de vacances. Avant le départ, chaque enfant défile devant le docteur, qui le pèse, mesure sa hauteur, sa largeur de poitrine et lui délivre sa feuille de route. Selon les tempéraments, les uns sont dirigés vers la montagne ou les champs, les autres vers la mer.

SOURCE : *Le Petit Français illustré*, 15 septembre 1900.

« . . . Je donne l'herbe aux lapins »

Août 1899

Ma chère mère,

Je mets la main à la plume pour t'envoyer de mes nouvelles. La dame où on est nous fait faire des commissions dans la voiture au chien. On est très bien. On mange des prunes à présent qui sont mûres ; moi je donne l'herbe aux lapins, je vas chercher les œufs au grenier où que les poules pondent, c'est moi qui donne la pâtée aux cannes ; et il y a huit petits canards et puis c'est moi qui les rentre. Ma bonne petite mère je te donne bien le bonjour de ma part.

Ferdinand.

SOURCE : *Le Petit Français illustré,* 22 septembre 1900 (courrier sélectionné).

Inséparable cahier de vacances

Juillet va arriver bientôt comme autrefois. Les plus fortunés, ceux dont, hélas, les parents s'occupaient sans répit, avaient à travailler un cahier de vacances. Quelle expression merveilleuse ! Un cahier de vacances comme il existe les portes de la nuit ou la clé de la mer. [...] Ce cahier portait, malgré lui, les marques de ce que nous avions vécu, traversé : des taches de soleil, de rousseur, des gouttes d'eau de mer, de pluie, de sirop renversé. Nous l'ouvrions sans cesse, nous l'emportions partout avec nous, d'une ville d'eau à une station balnéaire et puis à un petit village du Centre, parce que le cœur n'y était pas et que nous n'avancions pas dans notre travail. L'heureuse conséquence de cette inconséquence, c'était que les incidents familiaux, les aléas atmosphériques, les caprices du cœur s'inscriraient sur ses pages. Juillet, beau juillet, août, août le magnifique, septembre doré entre tous les mois, et encore un jour d'octobre avant de le remettre à notre maître. [...]

Je regardais, une dernière fois, avec émotion ce cahier où la rosée, le miel, le sel, le sable fin, les clairs de lune, l'odeur du raisin pressé, les vols de papillons, la douceur du Lot et de ses berges, l'arrivée impromptue d'un camarade tenaient autant de place que les problèmes d'arithmétique ou les « révisions » de sciences naturelles. En le donnant au professeur ou en le postant avec quelque angoisse, en me séparant de lui, je prenais conscience que, cette fois, les vacances étaient bel et bien terminées.

SOURCE : Pierre Sansot, *Cahiers d'enfrance*. Payot, 1994.

Déjà la rentrée...

Le lendemain il fallut songer au départ, dire adieu à ses gentils amis, et quitter la belle Normandie pour rentrer à Paris, se remettre bientôt au travail.

On regrettait bien un peu les bonnes journées de vacances, les promenades avec l'oncle Jules, et les excursions de famille où tout le monde était si gai, où papa et maman oubliaient leur gravité pour rire avec les enfants.

Mais c'est égal, les grands garçons préparèrent leurs livres et reprirent le chemin de l'école pleins de courage et de bonnes résolutions.

François, qui se sentait en retard, déclara qu'il voulait se rattraper ; et je puis vous dire tout bas qu'il est en train de tenir parole ; car depuis la rentrée, il travaille avec une volonté et un succès qui étonnent ses professeurs.

C'est que grand-père lui avait dit qu'en travaillant à l'école on travaille pour la France, parce que c'est à l'école qu'on apprend à devenir bon citoyen. Et comme c'est un brave cœur qui veut être utile à son pays, il se met à la besogne avec ardeur.

Faites comme lui, mes chers enfants, faites votre devoir d'écolier en attendant que vous en ayez de plus graves à remplir ; pensez que tout ce que vous faites de bien augmentera la richesse, la force, l'honneur de la patrie.

SOURCE : Paul Bert, *Lectures et leçons de choses*. Picard et Kaan.

Rêves d'avenir

« Le moment de quitter l'école sera vite arrivé. Nous en emporterons du savoir, de bonnes habitudes de travail et de conduite et le ferme désir de devenir vraiment des hommes. »

J. Martin, A. Lemoine, *Lectures choisies d'auteurs français.* Librairie d'éducation nationale.

« Parler d'avenir ne le fait pas venir »

La voici, la pauvre petite, arrivée à ce carrefour de la vie où la jeune fille à qui le sort n'a réservé ni patrimoine ni dot, doit d'un coup d'œil résolu envisager son devoir et choisir son sentier.

– Maman, reprit-elle, au bout d'un instant, d'une voix tranquille et presque gaiement, on dit beaucoup de bien de cette fabrique de coton ; elle est proche de chez nous ; malgré la faiblesse de mon pied, je ferai la course facilement... Un franc par jour ! songes-y ; quelle aisance cela va nous donner à tous !... Et puis, le soir, je pourrais suivre quelques-uns des cours qui se font pour les adultes... tu verras, mère, cela marchera très bien.

Et ce n'eût pas été demain, mais à l'instant même qu'elle eût désiré entrer à la fabrique.

Mme Beauclair semblait beaucoup moins impatiente.

– Va d'abord faire notre ménage et préparer notre déjeuner, dit-elle, en se séparant d'elle ; nous reparlerons de cela plus tard et plus à loisir... Il serait au moins poli, il me semble, d'aller ce soir annoncer à M. Yvelein, qui est si bon pour nous, ton succès au certificat d'études ; allons, va !

LE CHOIX D'UNE PROFESSION

Question posée aux lecteurs du *Petit Français illustré* dans le numéro du 22 décembre 1900.

Tableau récapitulatif des réponses parvenues

Total : 2012

Garçons : 1568				Filles : 444	
Soldats	264	Cordonniers	4	Institutrices	143
Ingénieurs, mécaniciens	236	Coiffeurs	4	Couturières	51
Enseignement	115	Tailleurs	4	Modistes	35
Agriculteurs	105	Notaires	4	Professeurs de musique	30
Marins	103	Magistrats	3	Artistes peintres	28
Négociants, industriels	98	Libraires	3	Fermières	24
Médecins	93	Tonneliers	3	Médecins	17
Peintres, sculpteurs	68	Bijoutiers	3	Avocates	15
Fonctionnaires, bureaucrates	54	Maîtres d'hôtel	3	Fleuristes	12
Explorateurs et colons	28	Charcutiers	3	Mères de famille (?)	11
Avocats	20	Dentistes	2	Ménagères	8
Littérateurs, journalistes	18	Chimistes	2	Receveuses des postes	7
Architectes	16	Ambassadeurs	2	Sœurs de charité	7
Musiciens	14	Carrossiers	2	Employées de commerce	7
Prêtres	10	Couvreurs	2	Femmes de lettres, journalistes	7
Pharmaciens	10	Plombiers-zingueurs	2	Brodeuses	7
Vétérinaires	10	Photographes	2	Pâtissières	5
Épiciers	10	Comédien	1	Jardinières	5
Menuisiers	10	Avoué	1	Actrices	4
Jardiniers	8	Huissier	1	Libraires	3
Imprimeurs	8	Rentier	1	Infirmières	3
Pâtissiers	6	Cocher	1	Blanchisseuses	3
Horlogers	6	Armurier	1	Bonne à tout faire	2
Cuisiniers	6	Professeur de gymnastique	1	Reine	1
Boulangers	5	Ramoneur	1	etc.	1
		etc., etc.			

Source : Marie-Robert Halt, *Le Droit Chemin.* Librairie Delaplane, 3e éd., 1906.

Le ferme désir de devenir vraiment un homme

Nous grandirons ; le moment de quitter l'école sera vite arrivé. Nous en emporterons du savoir, de bonnes habitudes de travail et de conduite et le ferme désir de devenir vraiment des hommes.

Nous ferons l'apprentissage d'un métier ; nous trouverons, au-dehors de l'école, de nouveaux chefs et de nouveaux camarades. Nous continuerons à nous soumettre aux ordres des premiers, à suivre leurs conseils ; nous aurons pour les autres de la bienveillance ; dans aucun cas nous ne perdrons le souci de notre dignité, et, comme à l'école, nous saurons nous éloigner des contacts dangereux.

Nous n'oublierons pas, d'autre part, que nous devons sans cesse tendre à devenir meilleurs et plus instruits. Nous veillerons, pour cela, à nos habitudes et nous rechercherons toutes les occasions d'ajouter encore à nos connaissances.

SOURCE : J. MARTIN, A. LEMOINE, *Lectures choisies d'auteurs français.* Cours élémentaire et moyen. Librairie d'éducation nationale, s. d.

Un sacrifice fatal

Dans la pensée du grand-père, cette somme économisée lentement devait être affectée à l'instruction d'Alain, au moins jusqu'au degré supérieur de l'enseignement primaire.

Mais le choix fait par le jeune garçon de la profession de mécanicien d'une part, et ensuite le désir de lui voir acquérir toute la science professionnelle nécessaire, en suivant les cours de l'École d'arts et métiers de Châlons, avaient fait craindre à l'aïeul que sa réserve ne fût insuffisante et il s'était ingénié à en augmenter le montant.

Malheureusement ainsi qu'il arrive à beaucoup de gens, il s'était laissé prendre à l'appât d'un taux très élevé, offert par une société industrielle peu sûre ; et bientôt le petit pécule, épargné sou à sou et à grand-peine, avait fondu comme beurre, entre les mains d'hommes d'affaires véreux.

Maintenant on avait l'explication de cette tristesse inquiète qui avait assombri les derniers jours du grand-père, et sans doute, avait hâté sa fin si prompte, presque subite.

SOURCE : ALAIN REDON, *Lecture courante à l'usage des garçons.* « Un ami de la maison. » Librairie Delaplane, 1904.

Le secret du bonheur

LE PREMIER SECRET DU BONHEUR : AVOIR LA CONSCIENCE PURE. [...] Écoute, approche-toi, là, bien près, je vais te donner le secret du bonheur : Ne fais jamais rien que ta conscience puisse te reprocher et fais tout ce qu'elle te commandera. Ce n'est pas la fortune, ce n'est pas une belle position, ce n'est pas la beauté qui fait le bonheur. Le bonheur, c'est une conscience pure qui le donne.

LE DEUXIÈME SECRET DU BONHEUR : SE DÉVOUER POUR LES AUTRES.

[...] En revenant de l'école, Marie seconde sa mère dans les soins du ménage, met le couvert, surveille la cuisine et range la vaisselle. Le soir venu, avant de se coucher, Marie s'écrie : « Je suis bien contente ! » Qu'est-ce donc qui rend Marie si contente ? A-t-elle trouvé un trésor sur le chemin de l'école ? A-t-elle reçu quelque beau cadeau ? [...]

Non, rien de tout cela, Marie a accompli tout son devoir, plus même que son devoir : elle s'est dévouée pour les autres, et cela a rempli de joie son cœur. S'oublier pour autrui, voilà encore le secret du bonheur.

LE TROISIÈME SECRET DU BONHEUR : SE CONTENTER DE CE QUE L'ON A.

Tu te plains, petite fille, tu as tort. [...] Enfant, regarde autour de toi, au-dessous de toi vois combien il y a de malheureux. Ne te plains pas mais plains-les et tâche de les secourir. Sache être heureuse avec le peu que Dieu t'a donné.

LE QUATRIÈME SECRET DU BONHEUR : AIMER LA NATURE.

[...] Regarde la nature, aime à la voir, essaye de la comprendre. Qui l'a faite ainsi? Qui a fait ce ciel plein d'étoiles? [...] Jouis de ce spectacle, pense à ce grand mystère, admire toutes ces beautés. Tu sentiras quelque chose de très doux s'éveiller dans ton âme et tu en auras de la joie. Aimer la nature, se plaire à la regarder, c'est encore un secret du bonheur.

LE CINQUIÈME SECRET DU BONHEUR : AIMER LA LECTURE.

[...] Un moment arrivera où tu ne pourras plus courir, sauter, t'amuser et surtout tu ne peux te figurer qu'il y aura une heure où tu seras seule, isolée dans

la vie. [...] Que feras-tu alors pour te distraire, pour nourrir encore ton esprit et oublier tes chagrins? [...] Tu liras les écrits de ceux qui ont le don de dire de jolies choses dans les livres, de ces choses qui font rire, qui font pleurer, qui remuent doucement le cœur. [...] Tu seras encore heureuse quoique vieille, faible et laide, parce que tu auras auprès de toi un ami qui te sera toujours fidèle : un bon livre.

SOURCE : L. CH. DESMAISONS, *Pour le commencement de la classe (filles)*. Armand Colin, 1901.

CRÉDIT PHOTOGRAPHIQUE

Tous les documents reproduits dans cet ouvrage appartiennent à la collection privée de Marie et Jacques GIMARD. Toutes les photos ont été réalisées par Pierre LAFARGUE que l'auteur remercie chaleureusement pour sa précieuse contribution .

NOTE DE L'ÉDITEUR

Malgré nos recherches, nous n'avons pas réussi à retrouver l'auteur ou les ayants-droit de certains extraits de textes. Il est bien entendu qu'un compte leur est ouvert aux éditions Le Pré aux Clercs, auxquelles ils peuvent s'adresser.

Achevé d'imprimer sur les presses de MAME IMPRIMEURS. à Tours

K.F. & Z. Paris.

K.F. & Z. Paris.

K.F. & Z. Paris.

K.F. & Z. Paris.

K.F. & Z. Paris.

K.F. & Z. Paris.

K.F. & Z. Paris.

K.F. & Z. Paris.

K.F. & Z. Paris.

K.F. & Z. Paris.

K.F. & Z. Paris.

K.F. & Z. Paris.

K.F. & Z. Paris.

K.F. & Z. Paris.

K.F. & Z. Paris.